I0137690

EXERCICES ET DICTÉES

SUR LES

DIFFICULTÉS DE L'ORTHOGRAPHE

COMPRENANT :

1° DES DICTÉES PRÉPARATOIRES SUR CHAQUE DIFFICULTÉ,
AVEC ANALYSE DES MOTS DIFFICILES ;
2° CENT DICTÉES EN TEXTE SUIVI, DANS CHACUNE DESQUELLES
LES DIVERSES DIFFICULTÉS SONT RÉUNIES ET
COMME RÉSUMÉES.

Par M. GALLIEN,

Ancien Professeur de Grammaire à l'École Normale de Versailles.

—◦—◇—◦—

PARIS,

LAROUSSE ET BOYER, LIBRAIRES-ÉDITEURS,

RUE SAINT-ANDRÉ-DES-ARTS, 49.

EXERCICES ET DICTÉES

DIFFICULTÉS DE L'ORTHOGRAPHE

FRANÇAISE,

COMPRENANT :

1° DES DICTÉES PRÉPARATOIRES SUR CHAQUE DIFFICULTÉ,
AVEC ANALYSE DES MOTS DIFFICILES ;
2° CENT DICTÉES EN TEXTE SUIVI, DANS CHACUNE DESQUELLES
LES DIVERSES DIFFICULTÉS SONT RÉUNIES ET
COMME RÉSUMÉES.

PAR M. GALLIEN,

Ancien professeur de grammaire à l'École Normale de Versailles.

———— ✦ ————

PARIS.

LAROUSSE ET BOYER, LIBRAIRES-ÉDITEURS,

2, RUE PIERRE-SARRAZIN, 2.

1856

Chaque exemplaire est revêtu du paraphe des éditeurs.

Larousse & Boyer

Ouvrage du même auteur :

LEÇONS DE GRAMMAIRE FRANÇAISE

ANALYTIQUE ET PRATIQUE.

Prix : 1 fr. 25 c. ; — *franco*, par la poste, 1 fr. 50 c.

On trouvera dans cette grammaire toutes les règles relatives aux difficultés orthographiques et syntaxiques de ce cours de dictées.

PARIS. — Imp. LAGOUR, rue Soufflot, 18.

AVIS A L'INSTITUTEUR.

Notre intention était d'abord que ce livre se composât seulement des dictées en texte suivi qui en forment la dernière partie, et dans lesquelles nous avons accumulé les diverses difficultés de notre orthographe autant que nous l'ont permis les règles de la syntaxe et de la composition. En y réfléchissant, nous avons reconnu qu'avant d'ouvrir aux élèves ces sortes de dédales, il était juste de leur donner le moyen d'en sortir; et ce moyen, nous avons cru le trouver dans une série de dictées préparatoires, où, successivement et une à une, les règles seraient prises pour ainsi dire corps à corps, et soumises à une application répétée, au moyen d'une rigoureuse analyse.

Nous avons donc divisé notre ouvrage en deux parties, dont l'une sert de préparation à l'autre. C'est du reste la méthode que nous suivons tous les jours nous-même dans notre enseignement de cette partie de la grammaire, et elle nous a toujours paru trop simple et trop naturelle pour que nous ayons jamais eu l'idée de nous en attribuer l'invention.

Voici comment nous procédons.

PREMIÈRE PARTIE.

1º Nous donnons à apprendre comme leçon la règle de grammaire qui fait l'objet de la prochaine dictée.

2º Quand cette règle a été récitée et appliquée au moyen des exemples mêmes qui l'accompagnent, nous dictons à toute la division qui l'a apprise, la première phrase de la dictée qui y correspond. Un élève l'écrit au tableau noir, pendant que ses camarades l'écrivent sur cahier; et le maître a soin de faire souligner les mots difficiles, qui, dans le livre, sont en italique ou en capitales.

3° Après avoir, sur les indications du maître ou de ses condisciples, corrigé les fautes, même de ponctuation, qu'il peut avoir faites, cet élève fait une analyse particulière des mots soulignés, et de la règle qui en fixe l'orthographe.

4° Après la première phrase, la seconde; et ainsi de suite jusqu'à la fin de la dictée, en ayant soin d'appeler chaque fois un nouvel élève au tableau, pour écrire la phrase et l'analyser.

Quant à la correction des autres élèves, rien n'empêche d'employer les divers moyens de simultanéité dont on se sert dans les écoles.

SECONDE PARTIE.

1° Dictée entière sur cahier;

2° Chaque élève en fait une copie;

3° Toutes les copies sont remises au maître en même temps;

4° Correction de chaque copie à haute voix par le maître, avec analyse par l'élève toutes les fois qu'il y a une faute.

On comprend que cette marche peut très bien s'appliquer à la première partie; et aussi que rien ne s'oppose à ce que la correction soit faite simultanément par les procédés en usage.

EXERCICES

ET

DICTÉES SUR LA LANGUE FRANÇAISE.

PREMIÈRE PARTIE.

Dictées préparatoires sur chaque difficulté, avec analyse des mots difficiles.

NOMS PROPRES.

DICTÉE.

1. Les *Scipion* et les *Emile* se sont fait remarquer par leurs vertus encore plus que par leurs exploits.

2. Certains littérateurs ont cherché à déprécier les *Corneille* et les *Racine*, ne pouvant être eux-mêmes ni des *Racines* ni des *Corneilles*.

3. Les mythologues ont représenté la *Renommée* avec des ailes et une trompette. Ils en ont fait la dispensatrice de toute gloire et de toute *renommée*.

4. Le *Consul*, n'écoutant que l'amour de la patrie, n'hésita pas à sacrifier ses enfants. Plus d'un autre *consul* imita dans la suite ce patriotisme exalté.

5. Les *Dieux* ont-ils jamais délaissé les bons *rois*?

6. Le *dieu* du Parnasse est avare de ses dons.

7. Les armées *romaines* étaient presque entièrement composées d'infanterie : c'est à cela que les *Romains* ont dû l'empire du monde.

8. Les *Princes* furent arrêtés, et renfermés à Vincennes, puis transférés au Havre.

9. Les *Titans*, enfants de la *Terre*, furent foudroyés par *Jupiter*, qu'ils avaient voulu précipiter du ciel.

10. C'est *Christophe Colomb* qui aurait dû donner son nom au *Nouveau-Monde*, puisque c'est lui qui l'a découvert.

11. Trouvez dans la littérature et les arts une peinture plus vraie que les *Animaux* malades de la peste.

12. Il y a dans la conduite de *Jean-le-Bon*, retournant à *Londres* prendre ses fers, quelque chose qui rappelle, bien qu'imparfaitement, le fameux *Attilius Régulus*.

ANALYSE.

1. SCIPION, nom pr. d'homme, masc. sing., suj. avec *Emile* de *se sont fait*. Il est invar., quoique précédé de *les*, parce qu'il représente Scipion même.

EMILE, nom pr. d'homme, masc. sing. Même analyse.

2. CORNEILLE, nom pr. d'homme, masc. sing., compl. dir. avec RACINE de *déprécier*. Il est var., quoique précédé de *les*, parce qu'il représente Corneille même.

RACINE, nom pr. d'homme, masc. sing. Même analyse.

RACINES, nom pr. d'homme, masc. pl., attr. avec *Corneilles* de *littérateurs*. Il est var. parce qu'il ne représente pas Racine même.

CORNEILLES, nom pr. Même analyse.

3. RENOMMÉE, nom comm., f. s., compl. dir. de *représenté*. Il est ici employé comme nom propre parce qu'il représente un être personnifié.

RENOMMÉE (le 2e), nom comm., fém. sing., compl. de *dispensatrice*. Il reste nom comm. parce qu'il ne représente pas un être personnifié.

4. CONSUL, nom de dignité, masc. sing., sujet de *hésita*. Il est ici employé comme nom propre parce qu'il est pour le nom même du consul (Brutus).

CONSUL (le 2e), nom de dignité, masc. sing., sujet de *imita*. Il reste nom comm. parce qu'il n'est pas mis pour le nom même du consul.

5. DIEUX, nom pr., masc. pl., attribut de *ils*. Il est pr. comme employé d'une manière absolue.

ROIS, nom de dignité, masc. pl., compl. dir. de *délaissé*. Il reste nom comm. parce qu'il n'est pas mis pour les noms mêmes de ces rois.

6. DIEU, nom comm., masc. sing., suj. de *est*. Il reste nom comm. parce qu'il est employé relativement (celui des Dieux qui est dieu du Parnasse).

7. ROMAINES, adj. qualif., fém. pl., modif. *armées*. Il ne prend pas de majuscule initiale comme adj.

ROMAINS, nom pr. de peuple, masc. pl., suj. de *ont dû*. Il commence par une majuscule comme nom propre.

8. PRINCES, nom de dignité, masc. pl., sujet de *furent arrêtés*. Il devient nom propre parce qu'il est mis pour les noms des princes (Condé, Conti, Longueville).

9. TITANS, nom pr. de demi-dieux, m. pl., suj. de *furent foudroyés*.

TERRE, nom comm., fém. sing., compl. de *enfants*. Il devient nom pr. parce qu'il représente un être personnifié.

JUPITER, nom pr. de divinité, masc. sing., compl. ind. de *foudroyés*.

10. CHRISTOPHE COLOMB, nom pr. d'homme, masc. sing., attrib. de *c'* pour *ce*. Il est formé du prénom CHRISTOPHE et du nom de famille COLOMB, sans être cependant un nom composé. Par conséquent, pas de trait d'union.

NOUVEAU-MONDE, nom composé, masc. sing., compl. indir. de *donner*. Il est formé : 1° de NOUVEAU, adj. qualifiant MONDE, et prenant une initiale majuscule à cause de sa signification toute particulière (il ne veut pas dire réellement *nouveau*, car l'existence de l'Amérique n'était nouvelle que pour nous ; d'ailleurs c'est le premier mot d'un nom propre) ; 2° de MONDE, nom comm. devenu nom pr. à cause de son acception particulière. (L'Amérique n'est pas réellement un monde.)

11. ANIMAUX, nom comm., masc. pl., attrib. de *peinture* sous-ent. (Trouvez une peinture plus vraie que la *peinture* les Animaux malades de la peste.) Il devient nom propre comme titre d'ouvrage (c'est une fable de La Fontaine).

12. JEAN-LE-BON, nom propre d'homme, composé, masc. sing., compl. de *conduite*. Il est formé : 1° de JEAN, nom pr. masc. sing. ; 2° de l'art. LE ; 3° de BON, adj. qual., masc. sing., se rapp. à *Jean*, et prenant une grande initiale comme surnom.

LONDRES, nom pr. de ville, masc. sing., compl. ind. de *retournant*.

ATTILIUS RÉGULUS, nom d'homme, m. s., compl. dir. de *rappelle*. Il est formé du prénom ATTILIUS et du nom de famille RÉGULUS.

REMARQUE. Nous croyons que le nom n'étant propre que parce qu'il est particulier et comme individuel, il faudrait écrire ainsi la phrase suivante : *Les* SCIPIONS *étaient une famille illustre de Rome, ainsi nommée du premier de ses membres, qui avait servi de bâton* (en latin *scipio*) *de vieillesse à son père aveugle.* Ici, en effet, SCIPIONS ne représente pas tels ou tels de la famille, mais la famille même. C'est ainsi qu'on écrit les CAPETS, les BOURBONS, etc. ; c'est ainsi qu'on devrait écrire les GUISES, si l'on voulait désigner non pas, par exemple, le duc et le cardinal assassinés à Blois, mais la famille à laquelle ils appartenaient.

NOMS COMPOSÉS.

DICTÉE.

1. Les lois sont les *arcs-boutants* de la société : n'en sont-elles pas aussi les *garde-fou*?

2. Les revenants et les *loups-garous* ne sont plus, grâce à l'instruction qui se propage, que des épouvantails d'enfants.

3. Gardez-vous de donner des *blanc-seings*, même à vos amis, si ce n'est avec une extrême circonspection.

4. Les *hôtels-Dieu* sont les tristes réceptacles des infirmités humaines : quelle école contre l'amour de soi-même et l'orgueil !

5. Ce furent les encouragements donnés au génie par Louis XIV qui produisirent tant de *chefs-d'œuvre* dans tous les genres.

6. Les *garde-chasse* sont souvent plus funestes au gibier que les braconniers les plus dangereux.

7. D'après la Bible, ce serait au temps de Noé qu'auraient été vus les premiers *arcs-en-ciel*.

8. Que de modernes Catons dont la vertu n'a jamais pu résister à l'épreuve des *pour-boire* et des *pots-de-vin!*

9. On n'est pas un Corneille pour avoir rempli des *bouts-rimés*, ni un Archimède pour avoir inventé des *casse-noisette* ou des *brûle-tout*.

10. Les *Cent-Suisses* et les *Chevau-légers* étaient des compagnies de la maison du roi. On dit boire comme un *Cent-Suisses*, et être fringant comme un *Chevau-légers*.

11. Que de *demi-heures* perdues, dont, avec plus de sagesse et d'économie, vous auriez fait des jours!

12. Parlez-moi de ces deux *boute-en-train*, mais les autres m'ont l'air de sournois et de *pince-sans-rire*.

ANALYSE.

1. ARCS-BOUTANTS, nom comm. comp., m. pl., attrib. de *lois*. Il est formé : 1° de ARCS, nom comm., m. pl.; 2° de BOUTANTS, adj. verbal s'y rapportant.

GARDE-FOU, nom. comm. comp., m. pl., attrib. de *elles*. Il est formé : 1° de GARDE, verbe act., à la 3e pers. du sing., n'ayant pas de sujet, ce qui arrive toujours dans le nom composé; 2° de FOU, adj. pris subst., masc. sing., compl. dir. de *garde*. (Il est singulier plutôt que pl., étant pris généralement; si l'on écrivait *des garde-*FOUS, il faudrait pareillement écrire *un garde-*FOUS; et c'est inutile, puisque le singulier dit ici autant que le pluriel.)

2. LOUPS-GAROUS, nom. comm. comp., masc. pl., sujet avec *revenants* du verbe *sont*. Il est formé : 1° de LOUPS, nom comm., m. pl.; 2° de GAROUS, espèce d'adj. employé seulement dans ce nom composé : il est masc. pl. se rapp. à LOUPS.

3. BLANC-SEINGS, nom comm. composé, masc. pl., compl. dir. de *donner*. Il est formé : 1° de BLANC, adj. employé adv. (*en blanc*), modifiant *être*, sous-entendu (des seings *qui sont* en blanc); 2° de *seings*, nom com., masc. pl., signifiant *signatures*.

4. HÔTELS-DIEU, nom comm. comp., masc. pl., suj. de *sont*. Il est formé : 1° de HÔTELS, nom comm., masc. pl. (il est pl. parce qu'il représente plusieurs); 2° de DIEU, nom propre, masc. sing. (il est singulier parce qu'il ne représente qu'un. Des *hôtels-Dieu* sont des *hôtels de Dieu*, avec ellipse de la prép. *de*).

5. CHEFS-D'ŒUVRE, nom. comm. comp., masc. pl., compl. direct de *produisirent*, parce que *tant* est un collectif partitif. Il est formé : 1° de CHEFS, nom comm., masc. pl., signif. *premiers* (premiers ouvrages);

2° de la prép. DE; 3° de ŒUVRE, nom comm., fém. sing. (Il est sing. ayant une signification générale.)

6. GARDE-CHASSE, nom comm. comp., masc. pl., sujet de *sont*. Il est formé : 1° de GARDE, v. act., à la 3e pers. du sing. (voir plus haut) ; 2° de CHASSE, nom comm., fém. sing., compl. dir. de *garde*. (Il est sing. ayant une signific. générale.)

7. ARCS-EN-CIEL, nom comm. comp., masc. pl., sujet de *auraient été vus*. Même analyse que pour CHEFS-D'ŒUVRE, qui précède.

8. POUR-BOIRE, nom comm. comp., masc. pl., compl. avec POTS-DE-VIN de *épreuve*. Il est formé : 1° de *pour*, prépos., invar., ayant pour compl. BOIRE ; 2° de BOIRE, verbe act. employé neutral., au prés. de l'infinitif., invar.

POTS-DE-VIN, nom comm. comp., m. pl., compl. avec POUR-BOIRE de *épreuve*. Même analyse que pour CHEFS-D'ŒUVRE, qui précède.

9. BOUTS-RIMÉS, nom comm. comp., masc. pl., compl. direct de *rempli*. Même analyse que pour ARCS-BOUTANTS, qui précède.

CASSE-NOISETTE, nom comm. comp., masc. pl., compl. dir. de *inventé*. Même analyse que pour GARDE-FOU et GARDE-CHASSE.

BRULE-TOUT, nom comm. comp., masc. pl., compl. dir. de *inventé*. Il est formé : 1° de BRULE, verbe act., à la 3e pers. du sing. ; 2° de *tout*, pron. indéf., masc. sing., signif. *toute chose*, compl. dir. de *brule*.

10. CENT-SUISSES, nom propre comp., masc. pl., sujet avec CHEVAU-LÉGERS de *étaient*. Il est formé : 1° de CENT, adj. numér. déterm. *Suisses* (il est sing. n'exprimant qu'un cent, et il prend une grande initiale parce qu'il est le premier mot d'un nom propre) ; 2° de SUISSES, nom pr. de peuple, masc. pluriel.

CHEVAU-LÉGERS, nom propre composé, masc. pl., sujet avec CENT-SUISSES de *étaient*. Il est formé : 1° de CHEVAU, barbarisme reçu, pour CHEVAUX, nom comm., masc. pl. (il prend une grande initiale comme premier mot d'un nom propre) ; 2° de LÉGERS, adj. qual., masc. pl., se rapp. à *chevau*.

CENT-SUISSES (le 2e), nom pr. comp., masc. sing., suj. de *boit*, sous-ent. (boire comme *boit* un Cent-Suisses). Même analyse que pour le précédent. Un *Cent-Suisses* signif. un des *Cent-Suisses*, avec ellipse de la prép. *de*.

CHEVAU-LÉGERS (le 2e), nom pr., m. sing., suj. de *est*, sous-entendu. Même analyse que pour le précédent.

11. DEMI-HEURES, nom comm. comp., fém. pl., sujet de *sont* ou *existent* sous-ent. Il est formé de DEMI, adv. invar. (à demi, à moitié), et de HEURES, nom comm., f. pl. Des *demi-heures* sont des *à moitié heures*.

12. BOUTE-EN-TRAIN, nom comm. comp., masc. pl., compl. ind. de *parlez*. Il est formé : 1° de BOUTE, verbe act. employé neutr., à la 3e pers. du sing.; 2° de EN, prép., ayant pour compl. *train*; 3° de TRAIN, nom comm., masc. sing.

PINCE-SANS-RIRE, nom comm. comp., masc. pl., compl. avec *sournois* de *air*. Il est formé : 1° de PINCE, verbe act. empl. neutr., à la 3e pers. du sing. ; 2° de SANS, prép., ayant pour compl. RIRE ; 3° de RIRE, infinitif neutre, invar.

NOMS COLLECTIFS.

DICTÉE.

1. Il devenait évident que l'armée des ennemis ne *pouvait* plus résister, et qu'*elle* allait être taillée en pièces.

2. Une infinité de jeunes gens s'*égarent* et parce qu'*ils* lisent de mauvais livres, et parce qu'*ils* fréquentent des libertins.

3. On voit quelquefois dans l'Egypte une nuée de sauterelles *qui* arrive sur les ailes du vent, et désole toute la contrée.

4. On cite des femmes spartiates une foule de mots *qui* annoncent le courage et l'énergie.

5. Combien de siècles s'*écoulent* avant que puissent être retrouvées les découvertes et les traditions perdues!

6. C'est au peu d'attention *que* nous avons montré qu'il faut attribuer le peu de progrès *que* nous avons fait.

7. Le peu d'efforts *qu'*il a faits, l'*ont sauvé*.

8. La moitié des arbres *que* j'ai fait planter, *pousse* d'une manière merveilleuse ; l'autre moitié *dépérit*, sans que je puisse m'en expliquer la cause.

9. La plupart des hommes *oublient* bien plus vite les services qu'ils reçoivent que ceux qu'*ils* rendent.

10. La foule des Indiens *regardait étonnée* le cheval et le cavalier, qui *lui* semblaient ne former qu'un seul et même corps.

11. Une troupe de pauvres montagnards *écrasa* la maison de Bourgogne, que *défendaient* tant de vaillants guerriers.

12. Que de joie nous avons *ressentie* en apprenant la nouvelle du bonheur qui vous arrive!

ANALYSE.

1. Pouvait, verbe act. à l'imparfait de l'indic., 3e pers. du sing., 3e conjug. Il est à la 3e pers. du sing. ayant pour sujet *armée*, qui est ici collectif général.

Elle, pronom pers., fém. sing., 3e pers., sujet de *allait*. Il est fém. sing. se rapportant à *armée*, collectif général.

2. S'égarent, verbe pronom., au prés. de l'indic., 3e pers. du pluriel, 1re conjug. Il est à la 3e pers. du pluriel ayant pour sujet *jeunes gens*, parce que *infinité* est ici collectif partitif. Il est formé : 1o de *se*, pron. réfléchi, masc. plur., 3e pers., se rapportant à *jeunes gens*, et compl. dir. de *égarent* ; 2o de *égarent*, verbe actif.

Ils, pron. pers., masc. plur., 3e pers., sujet de *lisent*. Il est masc. plur. se rapportant à *jeunes gens*, parce que *infinité* est un collectif partitif.

Ils (le 2e). Même analyse ; seulement il est sujet de *fréquentent*.

3. Qui, pron. relat., fém. sing., 3e pers., sujet de *arrive* et de *désole*. Il est fém. sing. se rapp. à *nuée* qui est ici collectif général. Les verbes *arrive* et *désole* suivent la même règle.

4. Qui, pron. relat., masc. pl., 3ᵉ pers., sujet de *annoncent*. Il est masc. pl. se rapportant à *mots*, parce que *foule* est un collectif partitif.

5. S'ÉCOULENT, verbe pronom., au prés. de l'indic., 3ᵉ per. du plur., 1ʳᵉ conjug. Il est à la 3ᵉ pers. du pl. ayant pour sujet *siècles*, parce que *combien* est un collectif partitif. Il est formé : 1° de *se*, pronom réfl., masc. pl., 3ᵉ personne, relatif à *siècles*, et compl. dir. de *écoulent* ; 2° de *écoulent*, verbe actif.

6. Que, pron. relat., masc. sing., 3ᵉ pers., compl. direct de *montré*. Il est masc. sing. se rapportant à *peu*, qui est ici collectif général.

Que (le 2ᵉ). Même analyse ; seulement il est compl. dir. de *fait*.

7. Que, pr. rel., masc. pl., 3ᵉ pers., compl. dir. de *faits*. Il est masc. pl. se rapp. à *efforts*, parce que *peu* est ici collectif partitif.

Ont sauvé, verbe act., à l'indic., parf. indéf., 3ᵉ pers. du pl., 1ʳᵉ conjug. Il est à la 3ᵉ personne du pl. ayant pour sujet *efforts*, parce que *peu* est un collect. partitif. Il est formé : 1° de *ont*, auxiliaire; 2° de *sauvé*, partic. passé, qui, étant accompagné de *avoir*, s'accorde avec son compl. dir. *l'*, pour *le*, masc. sing., qui le précède.

8. Que, pronom rel., masc. plur., 3ᵉ pers., compl. dir. de *fait planter*. Il est masc. pl. se rapportant à *arbres*, quoique *moitié* soit un collectif général, parce que, ici, il est bien question des arbres (*parmi les arbres que j'ai fait planter, la moitié*, etc.).

Pousse, verbe neutre, au prés. de l'indic., 3ᵉ pers. du pl., 1ʳᵉ conj. Il est à la 3ᵉ pers. du sing. ayant pour sujet *moitié*, qui est un collectif général.

Dépérit. Même analyse.

9. Oublient, verbe actif, au prés. de l'indic., 3ᵉ pers. du pl., 1ʳᵉ conj. Il est à la 3ᵉ pers. du plur. ayant pour sujet *hommes*, parce que *plupart* est un collectif partitif.

Ils, pron. pers., masc. pl., 3ᵉ pers., sujet de *reçoivent*. Il est masc. pl. se rapportant à *hommes*, parce que *plupart* est partitif.

Ils (le 2ᵉ). Même analyse; seulement il est sujet de *rendent*.

10. Regardait, verbe act., à l'imparf. de l'indic., 3ᵉ pers. du sing., 1ʳᵉ conjug. Il est à la 3ᵉ pers. du sing. ayant pour sujet *foule*, qui est ici collectif général.

Étonnée, partic. passé, qui, n'étant accompagné ni de *être* ni de *avoir*, s'accorde comme adj. avec le collectif général *foule*.

Lui, pron. pers., fém. sing., 3ᵉ pers., compl. indir. de *semblaient*. Il est fém. sing. se rapportant au collectif général *foule*.

11. Ecrasa, verbe act., à l'indic., parf. déf., 3ᵉ pers. du sing., 1ʳᵉ conj. Il est à la 3ᵉ pers. du sing., ayant pour sujet *troupe* qui est ici collectif général (c'était une troupe organisée).

Défendaient, verbe act., à l'imp. de l'indic., 3ᵉ pers. du pl., 4ᵉ conj. Il est à la 3ᵉ pers. du pl. ayant pour sujet *guerriers*, parce que *tant* est un collectif partitif.

12. Ressentie, part. passé, qui, étant accompagné de *avoir*, s'accorde avec son compl. dir. *joie*, fém. sing., qui le précède. *Joie* est compl. dir. de *ressentie* parce que le collectif *que* (combien) est partitif.

NOMS A PLUSIEURS GENRES.

DICTÉE.

1. *Quel* délice de vivre à la campagne, après tant d'années passées au milieu du tracas et de l'agitation des villes !

2. Votre fille est *une* enfant des plus aimables ; c'est *une* ange pour la douceur et la bonté, et l'on comprend qu'elle soit votre orgueil et votre *seul* amour.

3. La patrie et l'honneur, voilà quelles doivent être nos plus *chères* amours.

4. L'aigle *française* a parcouru le monde sur les pas d'un homme qui lui-même a été *un* aigle parmi les conquérants.

5. Les couples bien *unis* sont la plus belle harmonie de la nature.

6. Ces deux églises possèdent des orgues très *estimées*, bien qu'*inférieures* à *celui* qu'*on* a posé récemment dans notre cathédrale.

7. Les hymnes de Santeuil, *qui* sont encore *chantées* dans toutes les églises, sont *remarquables* par la force de l'expression et l'élévation de la pensée.

8. *Toutes* les *vieilles* gens ne sont pas *chagrins* ; mais, sauf de rares exceptions, *tous* les *jeunes* gens sont *gais*.

9. Il y a peu de grands capitaines qui n'aient été les fléaux de leur siècle ; presque tous ont été pour la terre comme des foudres *vivantes* dans la main de Dieu.

10. *Quel* foudre de guerre fut Alexandre ! On se demande si la foudre *elle-même* égalait la rapidité de sa marche ; et le tonnerre, le bruit de son nom.

11. *Tous* les gens *querelleurs*, jusqu'aux simples mâtins,
Au dire de chacun, étaient de petits saints.

12. Que de mémoires *indignes* d'être *livrés* à la mémoire des hommes !

ANALYSE.

1. Quel, adj. indéf., masc. sing., déterminant *délice*, qui est masc. parce qu'il est sing. Au pluriel, on écrirait *quelles délices*.

2. Une, adj. indéf., fém. sing., déterminant *enfant*, qui est fém. parce qu'il représente une fille.

Une (le 2ᵉ). Même analyse ; seulement il se rapporte à *ange*.

Seul. Même analyse ; seulement il se rapporte à *amour*, qui est masc. parce qu'il est au sing. Au plur., on écrirait *vos seules amours*.

3. Chères, adj. qualif., fém. plur., qualifiant *amours*, qui est fém. parce qu'il est au pluriel.

4. Française, adj. qualif., fém. sing., qualifiant *aigle*, qui est fém. parce qu'il signifie *enseigne*.

Un, adj. indéf., masc. sing., déterminant *aigle*, qui est masc. parce qu'il signifie un homme supérieur.

5. Unis, participe adj., masc. plur., qualifiant *couples*, qui est masc. parce qu'il signifie réunion de deux êtres dont le sexe est différent.

6. Estimés, participe adj., fém. plur., qualifiant *orgues*, qui est fém. parce qu'il est au pluriel.

Inférieures. Même analyse; seulement ce n'est pas un participe.

Celui, pron. démonst., masc. sing., compl. de *inférieures*. Il est masc. parce qu'il représente un seul orgue.

Que, pronom relat., masc. sing., 3ᵉ pers., compl. direct de *posé*. Il est masc. sing., se rapportant à *celui*.

Nota. Les phrases du genre de cette dernière doivent, il nous semble, être évitées, ne fût-ce que par euphonie : il y a quelque chose de peu agréable à l'oreille dans le rapprochement du masculin *celui* et du féminin *inférieures*.

7. Qui, pron. relat., fém. plur., 3ᵉ pers., sujet de *sont chantées*. Il est fém. se rapportant à *hymnes*, qui est ici fém. parce qu'il représente des hymnes d'église.

Chantées et remarquables suivent la même règle.

8. Toutes, adj. indéf., fém. plur., déterminant *gens*. Il est fém. parce qu'il précède l'adj. imparisyllabique *vieilles* devant *gens*.

Vieilles, adj. qualif., fém. plur., qualifiant *gens*. Il est fém. parce c'est un adj. imparisyllabique immédiatement placé avant *gens*. (Voir ma Grammaire, p. 95.)

Chagrins, adj. qualif., masc. pl., qualifiant *gens*. Il est masc. parce que *gens* le précède.

Tous, adj. indéf., masc. plur., déterminant *gens* (le second). Il est masc., l'adj. *jeunes* qui précède immédiatement *gens* n'étant pas imparisyllabique.

Jeunes, adj. qualif., masc. plur., qualifiant *gens* (le second). Il est masc., quoique immédiatement placé avant *gens*, parce qu'il n'est pas imparisyllabique,

Gais, adj. qualif., masc. plur., qualifiant *gens* (le second). Il est masc. parce que *gens* le précède.

9. Vivantes, adj. qualif., fém. pl., qualifiant *foudres*. On pourrait dire aussi *des foudres vivants*, le mot *foudre* étant masc. ou fém. pour l'adj. qualificatif (*foudre vengeur* ou *foudre vengeresse*).

10. Quel, adj. indéf., masc. sing., déterminant *foudre*. Il est masc. parce que *foudre*, auquel il se rapporte, est masc., étant employé au figuré.

Elle-même, pronom pers. composé, fém. sing., attrib. de *foudre*. Il est fém. sing. parce que *foudre*, qu'il représente, est employé au propre. Il est formé : 1° de *elle*, pron. pers., etc.; 2° de *même*, adj. indéf., fém. sing., déterminant *elle*.

11. Tous, adj. indéf., masc. plur., déterminant *gens*. Il est masc. parce qu'il n'est ni immédiatement placé avant *gens*, ni avant un adj. imparisyllabique précédant *gens*.

Querelleurs, adj. qualif. Même analyse que pour *chagrins* ci-dessus.

12. Indignes, adj. qualif., masc. pl., qualif. *mémoires*. Il est masc.

parce que *mémoires*, auquel il se rapporte, est masc., signifiant *écrits*.

Livrés, participe passé, qui, étant accompagné de *être*, s'accorde avec le sujet *mémoires*, masc. pl.

NOMS ÉTRANGERS.

DICTÉE.

1. Les grands *opéras* sont des tragédies lyriques où les passions sont rendues par la musique, comme dans la tragédie ordinaire par la poésie.

2. Que de *Te Deum* les conquérants ont fait chanter, qui eussent été bien plus justement appelés des *Requiem !*

3. C'était un sorcier, possesseur d'une plume de pic enchantée, avec laquelle il faisait la queue aux *zéros* sans qu'il y parût.

4. Il y a des amateurs d'un goût singulier, qui préfèrent aux chefs-d'œuvre d'un auteur des *fac simile* de son écriture.

5. Les divisions et subdivisions occasionnent des *numéros* de *numéros*, qui souvent ne produisent que des *imbroglio*.

6. Il y a des gens qui se donnent au moins la peine de préparer leurs *impromptus;* d'autres ont plus tôt fait, ils vous prennent les vôtres.

7. La dévotion et la reconnaissance ont suspendu aux murs de certaines chapelles une multitude d'*ex voto*.

8. Le nom d'Aliboron resta, comme synonyme du mot *âne*, à un avocat qui, plaidant en latin, avait dit *aliborum* pour dire des *alibi*.

9. La piété satisfaite est pour les *hosanna* et les *alleluia;* la piété expectante, pour les *pater* et les *ave Maria*.

10. La coutume s'est introduite dans la diplomatie d'ajouter le pluriel *memoranda* au singulier memorandum; comme aussi, je crois, en librairie, le singulier erratum au pluriel *errata;* et bientôt sans doute on dira pareillement au barreau un factum, des *facta*. Armons-nous contre cette nouvelle invasion des barbares. C'est bien assez et même trop de ce que nous avons déjà de *memento* et de *quiproquo*, et d'*interim* et d'*exequatur*, ainsi que de *deficit* ruineux, et d'*accessit* complaisants, et de *vivat* serviles. Si l'on ne peut jeter tout cela dans d'éternels *in pace*, avec les *debet* et les *recepisse*, les *visa*, les *prorata*, les *duplicata* et *cœtera*, accompagnés de bons *libera*, ou plutôt de joyeux *bravos*, que du moins on nous laisse le *statu quo*.

ANALYSE.

1. Opéras, nom comm., masc. pl., sujet de *sont*. Il s'écrit au plur. parce que l'usage l'a francisé.

2. TE DEUM, nom comm. composé, masc. pl., compl. dir. de *fait chanter*. Il est invariable parce qu'il n'est pas francisé, et ne prend pas le trait d'union du nom composé français pour la même raison.

REQUIEM, nom comm., masc. pl., attribut de *qui*. Il est invariable n'étant pas francisé.

3. ZÉROS, nom comm., masc. pl., compl. ind. de *faisait*. Il s'écrit au pluriel parce qu'il a été francisé par l'usage.

4. FAC SIMILE, nom comm. comp., masc. pl., compl. dir. de *préfèrent*. Il est invar. n'étant pas francisé, et ne doit pas prendre de trait d'union pour la même cause.

5. NUMÉROS, nom comm., masc. pl., compl. dir. de *occasionnent*. Il s'écrit au pluriel parce que l'usage l'a francisé.

NUMÉROS. Même analyse, seulement il est compl. de *numéros* (le premier).

IMBROGLIO, nom comm., masc. plur., complément direct de *produisent*. Il est invariable parce que, etc.

6. IMPROMPTUS, nom comm., masc. pl., compl. direct de *préparer*. Il est variable parce que, etc.

Tous les noms soulignés des phrases 7, 8, 9 et 10 sont invariables, excepté *bravos*, pour les raisons précédemment données.

Et ces raisons nous semblent bien futiles. Serait-il donc si difficile de n'admettre dans le français des mots étrangers quelconques qu'après les avoir complétement francisés ? On pourrait très bien,

au lieu de
$\begin{cases} \text{un te Deum, des te Deum,} \\ \text{un stabat, des stabat,} \\ \text{un ex voto, des ex voto,} \end{cases}$
dire
$\begin{cases} \text{un tédéon, des tédéons.} \\ \text{un stabat, des stabats.} \\ \text{un exvoto, des exvotos.} \end{cases}$

Et ainsi des autres, soit latins, soit italiens, soit anglais, allemands, ou autres.

PRONOMS PERSONNELS. NOUS, VOUS, LEUR, SE.

DICTÉE.

1. N'êtes-vous pas *content* de vous-*même*, mon enfant, lorsque vous vous êtes bien *conduit*?

2. Un auteur ne dira pas, en parlant de lui-même, *je suis*, mais *nous sommes persuadé, convaincu*, etc.

3. Vous *leur* avez généreusement accordé plus de secours que vous ne *leur* en deviez : comprendront-ils maintenant quels devoirs sont les *leurs*?

4. Dieu a mis les hommes en société afin qu'ils puissent *s'aimer et se* secourir mutuellement, comme les enfants d'un même père.

5. Vous seriez-vous *abusés* jusqu'à vous croire *supérieurs* aux autres hommes ?

6. N'est-*ce* pas *ce* même homme qui *se* vantait de *se* passer de nos secours?

7. Comme nous voulons nous montrer *impartial* et *juste*, nous ne nous sommes *déclaré* pour une opinion qu'après nous être *livré* à toutes les recherches et appréciations qui nous permettaient de la connaître et de la juger.

8. Quand je vois les nids des oiseaux, avec *leurs* proportions si bien mesurées et établies, je me demande qui *leur* a appris les mathématiques.

9. *Ce* serait *se* perdre que de *se* laisser aller à *ce* malheureux penchant.

10. Puisque, disait-elle, la nonchalance et l'apathie ne m'ont menée à rien, devenons *appliquée*, et montrons-nous aussi *obstinée* au travail que je l'ai été si longtemps à la paresse.

11. Les services que nous *leur* avons rendus, n'ont pas été payés de reconnaissance : cela ne nous empêchera pas de *leur* en rendre encore.

12. *C'*en est fait, peu *s'*en faut, à moins qu'on ne *leur* vienne en aide.

ANALYSE.

1. Content, adj. qualif., masc. sing., qualifiant *vous*. Il est masc. sing. parce que *vous*, auquel il se rapp., représente une seule personne, et du genre masculin.

Même, adj. indéf. Même analyse que pour l'adj. *content*.

Conduit, participe passé, qui, étant accompagné de *être* pour *avoir*, s'accorde avec son compl. direct *vous* (le 2ᵉ) dont il est précédé, m. sing.

2. Persuadé, participe passé, qui, étant accompagné de *être*, s'accorde avec le sujet *nous*, lequel est masc. sing. (pour les corrélatifs autres que le verbe personnel), représentant une seule personne, et du genre masc.

Convaincu. Même analyse.

3. Leur, pron. pers., invar., compl. indir. de *accordé*. Il est invariable comme les autres pronoms contractés avec une préposition, tels que *dont, en, y, où* (*duquel, desquels, desquelles, auquel, auxquels, auxquelles*, ne sont pas des contractions, mais des additions). Voir ma Grammaire, page 98.

Leur (le 2ᵉ). Même analyse; seulement il est compl. indir. de *deviez*.

Leurs, adj. posses., formant avec l'art. *les* un pronom possessif, masc. plur., représentant *devoirs* sous-entendu (*quels devoirs sont les* DEVOIRS *leurs*).

4. S' pour *se*, pronom réfl., masc. plur., 3ᵉ pers., compl. direct de *aimer*. Il est réfléchi parce qu'il se rapp. au sujet *ils*; ou, en d'autres termes, parce qu'il appartient à un verbe pronominal (s'aimer).

Se (le 2ᵉ). Même analyse; seulement il est compl. dir. de *secourir*.

Nota. *Ce* est un adj. ou un pronom. Quand il est adj., il est suivi de son substantif : *Ce livre, ce jeune homme*; quand il est pronom, il est ou sujet, comme dans : *C'est lui, Est-ce lui·?* ou bien compl., mais d'un verbe qui précède, comme dans *j'ai fait* CE *que vous avez commandé* : ce qui le distingue parfaitement de *se* pronom réfléchi, qui n'est jamais ni adjectif ni sujet, mais toujours compl. d'un verbe suivant. (Voir ma Grammaire, page 99.)

5. ABUSÉS, partic. passé, qui, étant accompagné de *être* pour *avoir*, s'accorde avec son compl. dir. *vous* (le premier), dont il est précédé, masc. pl. Or *vous* est masc. pl. parce qu'il n'y a pas de raison pour le considérer ni comme fém., ni comme singulier.

SUPÉRIEURS suit la même règle.

6. CE, pronom démonstr., masc. sing., sujet de *est*. (Le pronom réfléchi *se* n'est jamais sujet).

CE (le 2ᵉ), adj. démonstr., m. s., déterminant *homme*. (Se n'est jamais adj.).

SE, pronom réfl., masc. sing., 3ᵉ pers., compl. dir. de *vantait*. Il est réfl. parce qu'il se rapporte au sujet *qui*, ou parce qu'il appartient au verbe pronominal *se vantait*.

SE (le 2ᵉ). Même analyse ; seulement il est compl. dir. de *passer*.

7. IMPARTIAL, adj. qualif., masc. sing., qualifiant *nous* (le 2ᵉ). Or *nous* est ici m. sing., représentant une seule personne, et du genre m.

JUSTE. Même analyse.

DÉCLARÉ et LIVRÉ suivent la même règle.

8. LEURS, adj. possess., fém. pl., déterminant *proportions*.

LEUR, pronom pers., invariable, compl. indir. de *appris*. (Voir l'analyse de la phrase 3.)

9. CE, pronom démonstr., m. s., sujet de *serait*. (Voir la phrase 6.)

SE, pronom réfléchi, masc. sing., 3ᵉ pers., compl. dir. de *perdre*. (Voir les phrases 4 et 6.)

SE (le 2ᵉ). Même analyse ; seulement il est compl. dir. de *laisser*.

CE (le 2ᵉ), adj. démonstr., masc. sing., déterminant *penchant*.

10. APPLIQUÉE, partic. passé adj., fém. sing., qualif. *nous* sujet sous-entendu de *devenons*. Or *nous* est ici fém. sing., ne représentant qu'une personne, laquelle est une femme.

OBSTINÉE. Même analyse.

11. LEUR. (Voir la phrase 3.)

LEUR (le 2ᵉ). Même analyse.

12. C' pour *ce*, pron. dém., masc. sing., sujet de *est*. (Voir phrase 6.)

S' pour *se*, signifiant *à soi*, pron. réfléchi, masc. sing., 3ᵉ pers., compl. indir. de *faut*. Il est réfléchi se rapportant à *il* sujet indéf. sous-entendu du verbe *faut*. (*Il s'en faut peu, ou de peu.*)

LEUR. (Voir la phrase 3.)

PRONOMS INDÉFINIS.

ON, CHACUN, TEL, PERSONNE, AUCUN, NUL, RIEN, QUOI, QUELQUE CHOSE, GRAND'CHOSE.

DICTÉE.

1. Qu'on doit être *heureuse* et fière d'être la mère de tels enfants!

2. On ne voit guère de personnes qui soient *contentes* de leur fortune, mais on n'en voit aucune qui ne soit *satisfaite* de son esprit.

3. Quelque chose *que* vous ayez *entendue* ou *vue*, si vous vous doutez qu'*elle puisse* nuire à celui qui *l'a dite* ou *faite*, gardez le silence, à moins que votre devoir ne vous oblige à parler.

4. *Tel*, que l'on voit gracieux et souriant, cache peut-être au fond de l'âme plus d'une douleur aiguë et poignante.

5. Est-il rien de plus *pénible* que de les voir ainsi donner aux riens *futiles* qui les occupent un temps qu'ils pourraient si bien employer?

6. Il n'y a personne plus *persuadé* que nous de votre mérite et de votre capacité.

7. Je sais quelque chose qui est plus *admiré* par les Français que la prudence, c'est le courage et l'intrépidité.

8. Quand on a été sincèrement *amis*, la réconciliation n'est ni longue ni difficile, s'il arrive qu'on *se* soit *brouillés*.

9. Quoi *que* l'on ait *dit*, cet édifice n'offre pas grand'chose d'*intéressant*. Aussi ne voit-on pas que personne ait paru jusqu'ici très *empressé* de le visiter.

10. Chacun *se* montre *avide* d'honneurs et de richesses, nul ne semble *touché* des avantages que présente la vertu.

11. Lorsqu'on *se* retrouve dans la vie, après avoir vécu longtemps *séparés*, le plaisir de se voir est plus vif qu'au temps où l'on *s'était connus* d'abord.

12. Personne de nous n'*avait été prévenu* que tant de personnes *viendraient* à la réunion.

ANALYSE.

1. HEUREUSE, adj. qual., fém. sing., qualifiant *on*. Or *on* est ici fém. sing., parce qu'il représente positivement une femme.

FIÈRE. Même analyse.

2. CONTENTES, adj. qual., fém. plur., qualifiant *personnes*, qui est ici un nom et non pas le pronom indéf. *personne*.

Satisfaite, ad. qual., fém. sing., qualifiant *aucune*, lequel veut dire *aucune personne*. (*Aucun* n'a pas de pluriel.)

3. Que, pronom rel., fém. sing., 3e personne, compl. dir. de *entendue* et de *vue*. Il est fém. sing. comme se rapportant au nom défini *chose;* car l'expression *quelque chose* veut dire ici *quelle que soit la chose*, et non pas *une chose* en général.

Les mots entendue, vue, elle, puisse, l', dite, faite, suivent cette règle.

4. Tel, pronom indéf., masc. sing., suj. de *cache*.

5. Pénible, adj. qual., masc. sing., qualifiant *rien*. (*Est-il rien qui soit plus pénible.*) Il est masc. sing., ou plutôt sans genre ni nombre, comme *rien* auquel il se rapporte.

Futiles, adj. qual., masc. pl., qualifiant *riens*, qui est ici un subst. déterminé, m. pl.

6. Persuadé, adj. verbal qual., masc. sing., qualifiant *personne*. Il est masc. sing., ou plutôt sans genre ni nombre, comme le pronom indéfini *personne*, auquel il se rapporte.

7. Admiré, adj. verbal qual., masc. sing., qualifiant *quelque chose*, qui est ici une expression pronominale indéf. sans genre ni nombre.

8. Amis, nom comm., employé adjectiv., masc. pl., se rapportant à *on*. Il est masc. plur. parce que *on*, auquel il se rapporte, représente évidemment plusieurs personnes, indéterminées quant au genre.

Se, pronom réfléchi, masc. plur., 3e personne, compl. dir. de *brouillés*. Il est masc. pl. parce que *on* (le 2e), auquel il se rapporte, représente plusieurs, sans genre déterminé.

Brouillés suit la même règle, ayant pour compl. dir. *se*, lequel se rapporte à *on*.

9. Que, pronom relatif, masc. sing., 3e personne, compl. dir. de *dit*. Il est masc. sing., ou plutôt sans genre ni nombre, parce que *quoi*, son antécédent, est un pronom indéf. sans genre ni nombre.

Dit est soumis à la même règle, ayant pour compl. dir. *que*, lequel se rapporte à *quoi*.

Intéressant, adj. qual., masc. sing., se rapportant à *grand'chose* (*Cet édifice n'offre pas grand'chose qui soit intéressant*), qui est une expression pronominale indéfinie, et quant au genre et quant au nombre.

Empressé, adj. verbal qualif., masc. sing., se rapportant à *personne*, qui est ici un pronom indéf., sans genre ni nombre.

10. Se, pronom réfléchi, masc. sing., 3e personne, compl. dir. de *montre*. Il est masc. sing. se rapportant au pronom indéf. *chacun*.

Avide, adj. qualif., se rapportant à *se*.

Touché, adj. verbal, masc. sing., se rapportant à nul, qui est un pron. indéf. masc. sing.

11. Se, pronom réfl., masc. pl., 3e pers., compl. dir. de *retrouve*. Il est masc. plur. parce que *on*, auquel il se rapporte, représente plusieurs, sans genre déterminé.

Séparés, adj. verbal, masc. plur., se rapportant à *on*, qui est ici masc. plur.

Se (le 2e et le 3e). Même analyse que pour se qui précède. Seulement,

ces deux derniers sont complém. dir., l'un de *voir*, le second de *connus*.
CONNUS est soumis à la même règle, ayant pour compl. dir. *s'*.

12. AVAIT ÉTÉ PRÉVENU, verbe passif, au plus-que-parfait de l'indic.,
3ᵉ pers. du sing., ayant pour sujet *personne*, qui est ici un pron. indéf.
Prévenu est masc. sing. parce que, étant accompagné de *être*, il se rapp.
au suj. *personne*.

VIENDRAIENT, verbe neutre, au présent du conditionnel, 3ᵉ pers. du
pluriel, ayant pour suj. *personnes*, qui est ici un nom pluriel.

SYNTAXE DE L'ADJECTIF ET DU VERBE.

DICTÉE.

1. L'armée, aussi bien que le général, *a fait* preuve d'un
sang-froid et d'une intrépidité *étonnante*.

2. Il n'y a ni fortune ni puissance qui *soient capables* de
mettre le criminel à l'abri du remords.

3. Que toujours, lorsque vous allez agir, l'estime ou le mépris
public *se présente* à vos yeux comme la suite inévitable de la
conduite que vous allez tenir.

4. Notre conscience en cette vie, Dieu dans l'autre, nous
tiendra compte du zèle persévérant, de l'ardeur constante *que*
nous aurons *apportée* dans l'accomplissement de nos devoirs.

5. Si le nom de patrie, si le nom de gloire et d'honneur ne
trouve plus d'écho dans vos âmes, que du moins la voix de l'intérêt, la voix instinctive de la conservation *soit* assez *puissante*
pour vous tirer de cette *apathie*.

6. La vieillesse, aussi bien que l'âge mûr, nous *semble capable* de rendre des services à la patrie : c'est la prudence, non
moins que la bravoure, *qui fait* triompher les armées, et *sauve*
les États.

7. On admirait dans ce grand homme son génie et son activité *extraordinaires*, mais davantage encore sa modestie et son
affabilité.

8. Il ne faudra pas être *étonné* que ni l'un ni l'autre ne *soit
nommé* à ce poste, quelque droit que l'un et l'autre *prétendent*
y avoir.

9. Après cette longue alternative de succès et de revers, deux
choses cependant sont restées intactes : le sol et l'indépendance
nationale.

10. Non-seulement l'Europe, mais le monde entier *s'est ressenti* de la commotion politique de mil-sept cent-quatre-vingt-
neuf.

ANALYSE.

1. A FAIT, verbe actif, à l'indic., parf. indéf., 3ᵉ personne du sing., ayant pour sujet *armée*, à l'exclusion de *général*, parce que ces deux subst. sont liés ou plutôt séparés par *aussi bien que*, conjonctif qui sert à joindre non pas *général* à *armée*, mais deux propositions dont la deuxième est elliptique (*l'armée a fait preuve*, etc., *ainsi que le général a fait preuve*, etc.).

ÉTONNANTE, adj. quali., fém. sing., qualifiant *intrépidité*, à l'exclusion de *sang-froid*, parce que les deux subst. représentant des choses et le féminin étant le dernier, l'oreille serait choquée si l'adj. avait une finale masculine. (Voir ma Grammaire, page 100, et aux Euphonies, page 118.)

2. SOIENT, verbe subst., au prés. du subj., 3ᵉ pers. du plur., ayant pour sujet *fortune* et *puissance*, quoique séparés par *ni*, parce que *ni* renferme *et* : rendue affirmat., la phrase serait : *la fortune et la puissance sont capables*, etc.

CAPABLES, adj. qualif., fém. plur., se rapportant à *fortune* et à *puissance* pour la même raison.

3. SE, pron. réfl., masc. sing., 3ᵉ pers., se rapportant à *mépris*, à l'exclusion de *estime*, parce que les deux subst. sont séparés par *ou*. C'est une ellipse (*que l'estime se présente ou que le mépris se présente*).

4. TIENDRA, verbe actif, au futur abs., 3ᵉ pers. du sing., ayant pour sujet *Dieu*, à l'exclusion de *conscience*, parce qu'il y a gradation. C'est encore une ellipse.

QUE, pronom relat., fém. sing, 3ᵉ pers., compl. dir. de *apportée*. Il est fém. sing. se rapportant à *ardeur*, à l'exclusion de *zèle*, parce qu'il y a gradation.

APPORTÉE est soumis à la même règle, se rapportant à son compl. dir. *que*, qui le précède.

5. TROUVE, verbe act., au prés. de l'ind., 3ᵉ pers. du sing., ayant pour sujet *nom* (le 2ᵉ), à l'exclusion de *nom* (le 1ᵉʳ), parce qu'il y a gradation.

SOIT, verbe subst., au prés. du subj., 3ᵉ pers. du sing., ayant pour sujet *voix* (le 2ᵉ), à l'exclusion de *voix* (le 1ᵉʳ), parce qu'il y a gradation.

PUISSANTE, adj. qualif., fém. sing., se rapp. à *voix* (le 2ᵉ) pour la même raison.

6. SEMBLE, verbe neutre, au prés. de l'ind., 3ᵉ personne du sing., ayant pour sujet *vieillesse*, à l'exclusion de *âge*, parce que les deux subst. sont séparés par *aussi bien que*.

CAPABLE, adj. qualif., fém. sing., pour la même raison.

QUI, pron. rel., fém. sing., 3ᵉ pers., sujet de *fait* et de *sauve*. Il est fém. sing. se rapp. à *prudence*, à l'exclusion de *bravoure*, parce que les deux subst. sont séparés par *non moins que*.

FAIT, verbe actif, au prés. de l'ind., 3ᵉ personne du sing. pour la même raison. *Sauve* suit la même règle.

7. EXTRAORDINAIRES, adj. qual., masc. plur., qualifiant *génie* et *activité*. L'adjectif *extraordinaires* n'étant pas imparisyllabique, il n'y a pas lieu à euphonie comme dans la phrase 1.

8. ÉTONNÉ, part. passé, qui, étant accompagné de *être*, s'accorde

avec *on*, sujet qu'aurait le verbe s'il était personnel. (*Il ne faudra pas que l'on soit étonné*, etc.)

SOIT NOMMÉ, verbe passif, au prés. du subj., 3ᵉ pers. du sing., ayant pour sujet *l'autre*, à l'exclusion de *l'un*, parce que *ni* renferme *ou* : rendue affirmative, la phrase serait *l'un ou l'autre sera nommé*, etc., un seul pouvant être nommé. Le participe *nommé* est singulier pour la même raison.

PRÉTENDENT, verbe act., au prés. du subj., 3ᵉ pers. du plur., ayant pour sujet L'UN et L'AUTRE.

9. NATIONALE, adj. qual., fém. sing., se rapportant à *indépendance*, à l'exclusion de *sol*, par euphonie. (Voir *étonnante* à la phrase 1.)

10. S'EST RESSENTI, verbe pron., à l'indic., parf. indéf., 3ᵉ pers. du sing., ayant pour sujet *monde*, à l'exclusion de *Europe*, parce que les deux subst. sont séparés par *mais*. C'est une ellipse. (Non-seulement l'Europe S'EST RESSENTIE, *mais le monde entier s'est ressenti*.) Il est formé : 1° de *se*, pron. réfl., masc. sing., 3ᵉ pers., compl. dir. de *ressenti*; 2° de *est*, aux., pour *avoir*; 3° de *ressenti*, part. passé, qui, étant accompagné de *être*, pour *avoir*, s'accorde avec son compl. dir. *se*, placé avant, m. s., se rapportant à *monde*.

ADJECTIFS QUALIFICATIFS.

DICTÉE.

1. Des rubans ponceau ou des fleurs *rouge-foncé* siéent bien dans une chevelure noire.

2. *Feu* sa mère, et surtout ses *feus* grands-parents avaient pour lui une si grande faiblesse, qu'ils lui passaient les plus étranges fantaisies. Aussi n'a-t-il reçu qu'une *demi*-instruction, ce qui ne l'empêche pas de trancher sur tout, comme le font, du reste, tous les *demi*-savants.

3. Le meilleur moyen de se prémunir contre les courants d'air, c'est de prendre de bonne heure l'habitude d'aller *nu*-tête à tous les vents.

4. Des cheveux *blond-cendré* encadraient ses joues roses et son front pur, sous lequel brillaient des yeux *gris-clair* d'une admirable expression.

5. J'aime la fête de Pâques-Fleuries, avec ses processions si gaies, ses chants de joie et ses rameaux *bénits*.

6. Je prends à *témoin* les hommes, ma conscience et Dieu que ce que j'ai voulu toujours, c'est la gloire et l'indépendance de la patrie.

7. N'employez jamais ni *demi*-mesures, ni *demi*-moyens; et lorsque vous voudrez savoir une chose, apprenez-la plutôt une fois et *demie* qu'une *demi*-fois.

8. Je connais les personnes citées comme *témoins* dans cette

affaire : elles diront net et bref ce qu'elles ont vu ou entendu.

9. Deux mois et *demi* qu'il a vécu à la ville l'ont pour toujours dégoûté de la vie des champs.

10. Est-ce le froid ou la décence qui nous empêche d'aller *nu*-jambes? Mais il est des peuples plus septentrionaux que nous, et tout aussi décents, qui vont toujours jambes *nues*.

ANALYSE.

1. ROUGE-FONCÉ, adj. qualif. composé, invar., qualifiant *fleurs*. Il est formé : 1° de *rouge*, adj. employé substantiv., masc. sing., compl. de *de*, sous-entendu (*fleurs* D'UN *rouge foncé*) ; 2° de *foncé*, adj. qualif., masc. sing., se rapportant à *rouge*.

C'est précisément l'ellipse de la prép. *de* qui fait de ces deux mots une expression composée. Il ne faudrait pas de trait d'union entre *rouge* et *foncé* dans *Ces fleurs sont d'un rouge foncé*.

2. FEU, adj., inv. parce qu'il n'est pas immédiatement avant son subst.

Ce mot ne serait-il pas plutôt une sorte d'adverbe signifiant *en décès* quand il est séparé du subst., comme il veut dire *décédé* quand il y est *immédiatement* joint? C'est ainsi que l'on rend compte de l'invariabilité de *demi, excepté, y compris*, etc., dans certains cas ; ces mots signifient alors *par demi, en exceptant, en y comprenant*, etc.

FEUS, adj. qualif., masc. pl., se rapportant à *grands-parents*, qui le suit immédiatement.

DEMI, adverbe, invar., formant un nom composé avec le substantif *instruction*, qui le suit (une à moitié instruction).

DEMI (le 2e), adv., invar., formant avec *savants*, qui suit, un nom composé (les à moitié savants).

3. NU, adj. employé adverbialement, invar., formant avec *tête*, qui suit, un adverbe composé, modifiant le verbe *aller* (c'est la manière d'aller).

4. BLOND-CENDRÉ. Même analyse que pour *rouge-foncé*.

GRIS-CLAIR. Même analyse.

5. BÉNITS, adj. qual., masc. pl., qualifiant *rameaux*. Il prend un *t* parce qu'il désigne une consécration faite par un prêtre, ce qui n'est pas tout-à-fait la chose appelée *bénédiction*, laquelle consiste en souhaits de bonheur.

6. TÉMOIN, adj. ou subst., invariable, comme précédé de *à*, avec lequel il forme une locution adverbiale, signifiant *en témoignage*, et modifiant *prends*.

7. DEMI. Même analyse que pour *demi-instruction*, qui précède.

DEMI (le 2e). Même analyse.

DEMIE, substantif comm., fém. sing., compl. indir. avec *fois* de *apprenez*. Ces mots *une fois et demie* forment une locution adverbiale.

8. TÉMOINS, adj. ou subst., se rapportant à *personnes*. Il est plur. pour le nombre, et invar. quant au genre.

9. DEMI, subst. comm., masc. sing , sujet avec *mois* de *ont dégoûté*.

10. NU. Même analyse que pour *nu-tête* de la phrase 3.

NUES, adj. qualif., fém. plur., qualifiant *jambes*.

REMARQUE. Il résulte de ce que nous venons de dire que *feu, nu, demi, témoin, bleu-foncé,* etc., ne sont invariables, comme cela doit être, que quand ils sont employés adverbialement.

ADJECTIFS POSSESSIFS ET DÉMONSTRATIFS.

DICTÉE.

1. *Ces* gens-là sont trop occupés de *leur* fortune, et ne le sont pas assez de *leurs* enfants, qui cependant devraient être le principal objet de *leurs* soins.

2. Ma fille, votre modestie, les tendres soins que vous rendez à vos parents, font souhaiter à toutes les mères de vous donner pour épouse à *leurs* fils.

3. Ils se sont efforcés d'expliquer *leur* conduite, chacun à son point de vue, et selon *ses* intérêts particuliers.

4. Ce n'étaient plus *ces* jeux, *ces* festins et *ces* fêtes,
Où de myrte et de rose ils couronnaient *leurs* têtes.

5. Le véritable éloge d'un poète, c'est qu'on retienne *ses* vers.

6. Ils ont perdu par *leur* faute *leurs* biens, *leurs* protections, toutes *leurs* ressources.

7. Son rang, *ses* dignités n'ont rien qui m'éblouisse.

8. C'est un de *ces* hommes dans lesquels ne s'est jamais révélé un sentiment généreux. Il n'a eu en vue que *ses* intérêts, et a fait de *ses* amis *ses* premières victimes.

9. C'est le nombre du peuple et l'abondance des aliments que les États doivent considérer comme *leur* force et *leur* richesse véritables.

10. Les Décius et les d'Assas ont fait pour *leur* patrie tout ce que pouvaient faire des hommes : ils lui ont sacrifié *leur* vie.

11. Paul et Virginie ne connaissaient d'autres époques que celles de la vie de *leurs* mères.

12. Il est contre nature qu'un enfant oublie *ses* parents : on a vu les animaux eux-mêmes nourrir et soigner les *leurs*.

ANALYSE.

1. CES, adj. démonstr., masc. pl., déterminant *gens*.
LEUR, adj. possess., fém. sing., déterminant *fortune (la fortune leur)*.
LEURS, adj. possess., masc. pl., déterminant *enfants (les enfants leurs)*.
LEURS (le 2ᵉ). Même analyse, seulement il se rapporte à *soins*.
2. LEURS. Même analyse.
3. LEUR. Même analyse.
SES, adj. possess., masc. pl., déterminant *intérêts (les intérêts siens)*.
4 CES, adj. démonst., masc. pl., déterminant *jeux*.

Ces (le 1er et le 2), adj. démonstr., pl., déterminant : le premier *festins*, le second *fêtes*.

Leurs, adj. possess., fém. pl., déterminant *têtes* (*les têtes leurs*).

5. Ses, adj. possess., masc. pl., déterminant *vers* (*les vers siens*).

Remarque. Le moyen le plus sûr de distinguer *ces* démonstratif de *ses* possessif consiste donc à essayer d'y substituer *les siens*, *les siennes*.

6, 7, 8, 9, 10. Voir les observations précédentes.

11. Leurs, adj. possess., fém. plur., déterminant *mères* (les mères leurs) : Paul et Virginie n'étaient pas frères.

12. Ses. Même analyse que dans les précédentes phrases.

Leurs, pron. possess., masc. plur., compl. dir. de *nourrir* et *soigner*. Il est pron., et non pas adj., parce qu'il tient la place du subst. *parents*, au lieu d'y être joint. Ce pronom est variable comme l'adj. *leur* lui-même. Pour être invariable, *leur* doit être pron. personnel, et non pas adj. ou pron. possessif.

ADJECTIFS NUMÉRAUX.

DICTÉE.

1. L'armée des alliés se composait de *quatre-vingt-dix mille* hommes, non compris un corps auxiliaire d'à peu près *quinze mille-cinq cents*.

2. L'Amérique a été découverte en *mil-quatre cent-quatre-vingt-douze* par Christophe Colomb.

3. César passe pour avoir fait périr dans ses différentes guerres au-delà d'*un million-cent mille* hommes, sans compter les victimes si nombreuses des guerres civiles.

4. Les *milles* étaient chez les Romains, et sont encore chez plusieurs nations modernes, des mesures itinéraires, qui ont beaucoup varié selon les pays.

5. Les Athéniens n'étaient que *onze mille* à Marathon; et les Spartiates, que *trois cents* aux Thermopyles.

6. L'année *mil-sept cent-quatre-vingt-neuf* est fameuse en France et dans le monde entier, par la plus grande révolution qui se soit accomplie dans les temps modernes.

7. La fortune de la France ne s'évalue plus par centaines de *mille* francs, ni même par *millions*, mais par *milliards*.

8. Les voies romaines étaient partagées en *milles*, indiqués par des pierres plantées au bord du chemin, et portant écrit le nombre de *mille* pas qu'il y avait depuis là jusqu'à Rome.

9. L'hospice des *Quinze-Vingts* fut fondé par Louis IX, pour recevoir *trois cents* gentilshommes revenus aveugles de la Terre-Sainte.

10. C'est en *mil-trois cent-quarante-cinq* qu'il est fait men-

tion pour la première fois de la poudre à canon. Un siècle plus tard, en *mil-quatre cent-quarante*, Guttemberg découvrait l'imprimerie.

ANALYSE.

1. QUATRE-VINGT-DIX MILLE, expression numérale cardinale, dét. *hommes*. Elle est formée : 1° de *quatre*, adj. num. card., invar., dét. *vingt;* 2° de *vingt*, adj. num. card., déterm. *mille*, inv. ici, quoique au pl., parce qu'il est suivi d'un autre adj. num.; 3° de *dix*, adj. numér., toujours inv., déterm. *mille;* 4° de *mille*, adj. num. card., inv., dét. *hommes*. Il y a un trait d'union : 1° entre *quatre* et *vingt*, parce que ces deux mots forment une expression composée (*quatre-vingts*, au lieu de *octante*); 2° entre *vingt* et *dix*, parce qu'il y a addition.

QUINZE MILLE-CINQ CENTS, expression numér. card., déterm. *hommes* sous-entendu. Elle est formée : 1° de *quinze*, adj. num. card., toujours inv., déterm. *hommes;* 2° de *mille*, adj. num. card., inv., dét. *hommes;* 3° de *cinq*, adj. num. card. inv., déterm. *cents;* 4° de *cents*, adj. num. card., dét. *hommes*. Il prend la marque du pl. parce que, représentant plusieurs fois cent, il n'est pas suivi d'un autre adj. numéral. Il y a un trait d'union entre *mille* et *cinq* parce qu'il y a addition.

2. MIL-QUATRE CENT-QUATRE-VINGT-DOUZE, expression num. ordin., déterm. *an* sous-entendu. Elle est formée : 1° de *mil*, adj. numér. ordinal (millième); 2° de *quatre*, adj. num. card., toujours invar.; 3° de *cent*, pour *centième*, adj. num. ordin., inv. étant sing.; 4° de *quatre*, adj. num. card., inv.; 5° de *vingt*, pour *vingtième*, adj. num. ordin., inv. étant sing.; 6° de *douze*, pour *douzième*, adj. num. ordin., invar. Pour les traits d'union, mêmes règles que pour les quantités cardinales. Voir ci-dessus la phrase 1.

3. UN MILLION-CENT MILLE, expression num. card. Voir ci-dessus.

4. MILLES, nom commun de mesure itinéraire, masc. pl., sujet de *étaient*.

5. ONZE MILLE, expression num. card. Voir ci-dessus.

TROIS CENTS, expression num. card. Voir ci-dessus.

6. MIL-SEPT CENT-QUATRE-VINGT-NEUF, expression num. ordin. Voir plus haut l'analyse de la phrase 2.

7. MILLE, adj. num. card., inv., déterm. *francs*.

MILLIONS, nom collect. num., masc. pl., compl. indir. de *s'évalue*.

MILLIARDS. Même analyse.

8. MILLES, nom commun. Voir la phrase 4.

9. QUINZE-VINGTS, nom propre composé, masc. pl., compl. de *hospice*. Il est formé : 1° de *quinze*, adj. num. card., inv., déterm. *vingts;* 2° de *vingts*, adj. num. card., déterm. *hommes* sous-entendu, et prenant la marque du pl. parce que, représentant plusieurs fois vingt, il n'est pas suivi d'un autre adj. numéral.

10. MIL-TROIS CENT-QUARANTE-CINQ, expression num. ordin. Voir l'analyse de la phrase 2.

MIL-QUATRE CENT-QUARANTE, expression num. ordin. Voir l'analyse de la phrase 2.

Remarque. Il n'y a d'adjectifs numéraux susceptibles de pluralité que ceux qui peuvent être, dans la quantité, multipliés par un autre adjectif numéral, savoir : *vingt* (quatre-vingts, quinze-vingts), *cent* (deux cents, trois cents, etc.), *mille* (deux mille, trois mille, etc.), *million* (deux millions, trois millions, etc.), *billion* ou *milliard* (deux billions, trois billions, etc.), *trillion, quatrillion,* etc. Mais pour qu'un de ces mots soit variable au pluriel, il faut qu'il soit le dernier de la quantité : d'où cela peut-il venir?

Tout adjectif numéral représente, ou une unité collective, ou une collection d'unités. Par exemple, *vingt* signifie ou bien *une fois vingt* (une vingtaine, unité collective), ou bien *vingt fois un* (collection d'unités). Or, dans l'intérieur de la quantité, c'est toujours la première de ces significations qu'on lui donne, sans doute parce que son éloignement du nom de l'unité lui ôte sa qualité de collectif; c'est pourquoi il est toujours au singulier : au lieu qu'à la fin, c'est un véritable collectif variable.

Mais pourquoi *mille* n'est-il pas variable aussi dans ce dernier cas? C'est peut-être parce qu'il a un équivalent variable (millier), qui doit le remplacer quand on veut lui donner le caractère de collectif. Mais, alors, pourquoi *billion* est-il variable, puisqu'il a un équivalent collectif (milliard)? Remarquons ici que c'est précisément *milliard* que l'on emploie dans le langage usuel, et que *billion* ne sert que comme expression scientifique.

ADJECTIFS INDÉFINIS.

1re DICTÉE.

1. *Quelles* qu'aient été nos fatigues, nous les avons supportées avec patience ; à *quelques* nombreux dangers que nous nous soyons vus exposés, nous les avons bravés et vaincus ; *quelque* dures qu'aient été pendant *quelque* vingt ans les privations que nous avons eues à endurer, notre courage ne s'est pas démenti.

2. Telle était la rage du vainqueur que les vieillards, les femmes, les enfants *même* le trouvaient sans pitié.

3. Quand je la vis ainsi *toute* stupéfaite, et les yeux *tout* grands ouverts, j'avoue que je ne pus retenir le plus fou des fous-rires.

4. En *quelque* endroit de la terre que l'ait jeté la tempête ou la colère des Dieux, je saurai bien l'en tirer.

5. Il faut pour cette place une *tout* autre capacité que celle des hommes qui se la disputent.

6. *Quels que* soient son mauvais vouloir et sa méchanceté, j'espère qu'avec le secours de *quelques* bons et fidèles amis qui me restent, je parviendrai à en triompher.

7. La jeunesse est d'abord *tout* yeux et *tout* oreilles ; mais ce zèle s'éteint bientôt, et on la trouve *tout* autre quelques jours après.

8. La rouille consume les métaux, *même* les plus durs.

9. *Quels que* soient les avantages de la paix, de quelques sacrifices qu'on doive la payer, il ne faut jamais l'acheter au prix de l'honneur ou de la fortune d'un Etat.

10. *Tous* les hommes sont frères, *quelque* inégalité qu'aient mise entre eux la nature et la société : les arguties accumulées pour établir le contraire, sont *toutes* des démentis donnés à la conscience et à la raison.

11. *Toute* autre femme eût reculé devant tant d'obstacles, celle-là les a bravement affrontés.

12. Aux *mêmes* maladies *mêmes* remèdes.

ANALYSE.

1. QUELLES QU', deux mots parce que c'est devant un verbe : 1° *quelles*, adjectif indéf., fém. plur., déterminant *fatigues* ; 2° qu' pour *que*, conjonction.

QUELQUES, adj. indéf., masc. plur., déterminant *dangers*.

QUELQUE, adv., invar., modifiant l'adj. *dures*.

QUELQUE (le 2e), adv., invar., signifiant *environ*.

2. MÊME, adverbe comme placé à la suite de plusieurs subst. Il signifie *aussi*.

3. TOUTE, adverbe, modifiant l'adject. *stupéfaite*. Il est variable par euphonie, l'adj. fém. qui le suit commençant par une consonne.

TOUT, adverbe, modifiant *grands*, invar. parce que l'adj. *grands* n'est pas féminin. On dirait *une porte* TOUTE *grande ouverte*.

4. QUELQUE, adj. indéf., masc. sing., déterminant *endroit*.

5. TOUT, adverbe, modifiant l'adjectif *autre* (une capacité TOUT-A-FAIT *autre*).

6. QUELS QUE, deux mots parce que c'est devant un verbe : 1° *quels*, adject. indéf., masc. plur., déterminant *vouloir* et *méchanceté* ; 2° *que*, conjonction.

QUELQUES, adj. indéf., masc. plur., déterminant *amis*.

7. TOUT, signifiant *entièrement*, adv. invar., modifiant *est*.

TOUT (le 2e). Même analyse.

TOUT (le 3e), signifiant *tout-à-fait*, adv., invar., modifiant l'adj. *autre*.

8. MÊME, adverbe, invar., modifiant *consume*.

9. QUELS QUE. Voir l'analyse de la phrase 6.

QUELQUES, adj. indéf., masc. plur., déterminant *sacrifices*.

10. TOUS, adj. indéf., masc. plur., déterminant *hommes*.

QUELQUE, adj. indéf., fém. sing., déterm. *inégalité*.

TOUTES, pronom indéf., fém. plur., attrib. de *arguties*, auquel il se rapporte évidemment.

11. TOUTE, adj. indéf., fém. sing., déterminant *femme* (toute femme *autre*).

12. Mêmes, adj. indéf., fém. pl., déterminant *maladies*, qu'il précède immédiatement.

Mêmes (le 2e). Même analysé; seulement il se rapporte à *remèdes*.

ADJECTIFS INDÉFINIS.

2e DICTÉE.

1. *Quelle* métamorphose s'est donc opérée en vous, mes enfants, que vous soyez devenus pour nous *tout* autres que vous ne vous étiez montrés jusqu'à ce jour?

2. De *quelques* superbes distinctions que s'enorgueillissent les hommes, ils sont *tous* sortis d'une source commune, la poussière de la terre; et partis d'un même point, le néant.

3. Nous ne mourrons pas *tout* entiers : il restera de nous *quelque* chose qui n'est point destiné à périr, c'est l'âme.

4. Les peuples les plus barbares, les anthropophages *même*, *quelque* féroces qu'on les ait représentés, ont reçu de la nature les notions du juste et de l'injuste, qui suffisent à guider l'homme et à lui faire éviter le mal.

5. Elle a paru *tout* interdite et *toute* déconcertée.

6. *Toutes* bonnes, *tout* excellentes que semblent les raisons que vous avez tenté de faire valoir, nos convictions sont restées les *mêmes*.

7. Ces deux vieillards nous ont paru *tout* réjouis malgré leurs *quelque* quatre-vingt-dix ans; on les eût dits de *tout* jeunes gens, à voir la vivacité de leur démarche et de leur physionomie.

8. *Quelque* remarquables que soient les connaissances que l'étude vous a données, *quelque* expérience que vous ayez acquise, il ne faut pas oublier que *tous* ces avantages, *tout* réels qu'ils peuvent être, ne sont rien sans la modestie.

9. Elle fut *tout* heureuse et *tout* aise de rencontrer un malotru.

10. Telle vie, telle mort : que notre vie soit donc telle que nous soyons à chaque moment *tout* préparés à mourir.

11. *Aucun* monstre par moi dompté jusqu'aujourd'hui
    · Ne me donne le droit de faillir comme lui.

12. A part les conjectures de la prudence humaine, Dieu n'a révélé à *nul* mortel les secrets de l'avenir.

ANALYSE.

1. *Quelle*, adj. indéf., fém. sing., déterminant *métamorphose*.

Tour, pour *tout-à-fait*, adverbe, invar., modifiant *autres*. Il reste invariable parce que l'adj. *autres*, qui le suit, est masc.

2. Quelques. Voir l'analyse de la phrase 6 ou 9 (1re dictée).

Tous, pronom ind., masc. plur., attrib. de *ils*.

3. Tout, pour *tout-à-fait*, adv., modifiant *entiers*. Voir la phrase 1.

Quelque, adj. indéf., se rapportant à *chose*, et formant avec ce mot une expression pronominale indéfinie.

4. Même, adverbe, comme placé à la suite de plusieurs substantifs, invariable.

Quelque, adverbe, invar., modifiant l'adjectif *féroces*.

5. Tout, pour *tout-à-fait*, adverbe, modifiant *interdite*. Il reste invar., parce que l'adj. fém. *interdite*, qui le suit, commence par une voyelle.

Toute, pour *tout-à-fait*, adverbe, modifiant *déconcertée*. Il est variable parce que l'adj. fém. *déconcertée*, qui le suit, ne commence pas par une voyelle.

6. Toutes, pour *quelque*, adverbe, modifiant *bonnes*. Il est variable parce que l'adj. fém. *bonnes*, qui le suit, ne commence pas par une voyelle.

Tout, pour *quelque*, adverbe, modifiant *excellentes*. Il reste invariable parce que l'adj. fém. *excellentes*, qui le suit, commence par une voyelle.

Mêmes, pronom indéf., fém. plur., attribut de *convictions*.

7. Tout, pour *tout-à-fait*, adverbe, modifiant *réjouis*. Il reste invar. parce que l'adj. *réjouis*, qui le suit, est masculin.

Quelque, signifiant *environ*, adverbe, invariable.

Tout, pour *tout-à-fait*, adverbe modifiant *jeunes*. Il reste invariable, l'adj. *jeunes*, qui le suit, étant masculin.

8. Quelque, adverbe, modifiant *remarquables*, invariable.

Quelque (le 2e), adj. indéf., fém. sing., déterminant *expérience*.

Tous, adj. indéf., masc. plur., déterminant, *avantages*.

Tout, signifiant *quelque*, adverbe, modifiant *réels*. Il reste invariable parce que l'adj. *réels*, qui le suit, est masculin.

9. Tout, signifiant *tout-à-fait*, adverbe, modifiant *heureuse*. Il reste invariable parce que l'adj. fém. *heureuse* commence par une voyelle, *h* étant muette ou nulle.

Tout (le 2e). Même analyse.

10. Tout. Même analyse que devant *réels*, phrase 8.

11. Aucun, adj. indéf., masc. sing., déterminant *monstre*. *Aucun* ne peut être au pluriel, car il signifie *pas un*.

12. Nul. Même analyse ; seulement il détermine *mortel*.

C'EST, CE SONT.

DICTÉE.

1. *Étaient*-ce les soldats que l'on devait punir? N'*était*-ce pas plutôt le lâche général, cause de leur défaite?

2. Quand ce *serait* la richesse et la puissance que l'on nous offrirait pour prix d'une trahison, nous ne devons jamais nous en rendre coupables.

3. Croyez-vous que ce *soient* des ennemis à mépriser, que des hommes réduits à ne pas craindre la mort?

4. Ce n'*était* ni leur crédit ni leur adresse que nous redoutions, c'*étaient* leurs méchants instincts et leur perfidie.

5. J'ai peine à croire que ce *soient* les Phéniciens qui ont inventé l'écriture alphabétique, lorsque je vois qu'elle était connue en Egypte longtemps avant Agénor et Cadmus.

6. Ce n'*étaient* que festins, ce n'*étaient* que spectacles,
   Et le luxe en tous lieux enfantait des miracles.

7. Que ce *soit* vous ou moi qui obtenions cette faveur, peu importe; l'essentiel, c'est que ce ne *soient* pas nos compétiteurs.

8. Ce n'*était* pas lui, c'*étaient* ses malheureux frères qui étaient à plaindre.

9. Vous l'accusez, comme si ce ne *pouvaient* pas être les autres qui aient fait le coup.

10. Quoi que l'on ait dit à la louange des anciens, je ne pense pas que ç'*aient été* des génies si supérieurs aux modernes : qu'*étaient*-ce que ces fameux philosophes de la Grèce? qu'*était*-ce que toute leur science, et leur sagesse tant vantée?

11. Ç'*auraient été* mes propres fils, que je ne les aurais pas épargnés.

12. Ils demandèrent avec calme si c'*était* la paix ou la guerre qu'on leur apportait, étant préparés également à l'une et à l'autre.

ANALYSE.

1. Etaient, verbe subst., à l'imp. de l'indic., 3ᵉ pers. du pl., ayant pour sujet *soldats*, et non *ce*, parce que *soldats* est un subst. pl. de la 3ᵉ pers.

Etait, verbe subst., à l'imp. de l'indic., 3ᵉ pers. du sing., ayant pour sujet ou *ce,* ou *général* (le sens se trouve le même).

2. Serait, verbe subst., au prés. du conditionnel, 3ᵉ pers. du sing., ayant pour sujet *ce,* quoiqu'il soit suivi de deux subst. de la 3ᵉ pers., parce qu'aucun des deux n'est pluriel.

3. Soient, verbe subst., au prés. du subj., 3ᵉ pers. du pl., ayant pour sujet *ennemis,* et non *ce,* parce que *ennemis* est un subst. pl. de la 3ᵉ pers.

4. Etait, verbe. subst., à l'imp. de l'indic., 3ᵉ pers. du sing., ayant pour sujet *ce,* et non *crédit* et *adresse,* parce qu'aucun de ces deux subst. n'est de la 3ᵉ pers. du pluriel.

Etaient, verbe subst., à l'imparfait de l'indic., 3ᵉ pers. du pl., ayant pour sujet *instincts* et *perfidie,* deux subst. de la 3ᵉ pers. dont un est pluriel.

5. Soient, verbe subst., au prés. du subj., 3ᵉ pers. du pl., ayant pour sujet *Phéniciens,* qui est de la 3ᵉ pers. du pluriel.

6. Etaient, verbe subst., à l'imparf. de l'indic., 3ᵉ pers. du pl., ayant pour sujet *festins,* qui est de la 3ᵉ pers. du pl.

Etaient. Même analyse; seulement il a pour sujet *spectacles.*

7. Soit, verbe subst., au prés. du subj., 3ᵉ pers. du sing., ayant

pour sujet *ce*, au lieu de *vous*, parce que ce dernier pronom n'est pas de la 3e pers. du pl.

SOIENT, verbe subst., au prés. du subj., 3e pers. du pl., ayant pour sujet *compétiteurs*, qui est de la 3e pers. du pl.

8. ETAIT, verbe subst., etc., ayant pour sujet *ce*.

ETAIENT, verbe subst., etc., ayant pour sujet *frères*.

9. POUVAIENT, verbe act., à l'imp. de l'indic., 3e pers. du pl , ayant pour sujet *autres*, au lieu de *ce*, parce que *autres* est de la 3e pers. du pl.

10. AIENT ÉTÉ, verbe subst., au parf. du subj., 3e pers. du pl., ayant pour sujet *génies*, au lieu de *ce*, parce que *génies*, etc.

ETAIENT, verbe subst., etc., ayant pour sujet *philosophes*.

ETAIT, verbe subst., etc., ayant pour sujet *ce*.

11. AURAIENT ÉTÉ, verbe subst., etc., ayant pour sujet *fils*.

12. ETAIT, verbe subst., etc., ayant pour sujet *ce*.

Voir ma Grammaire, page 108.

PARTICIPES PRÉSENTS.

1re DICTÉE.

1. Les jeunes gens sont trop *confiants* sans doute, mais les vieillards sont trop *défiants*.

2. Les gouttes de rosée scintillaient *brillantes* comme des perles aux premiers feux du jour, *renvoyant* à nos regards charmés toutes les couleurs de l'arc-en-ciel.

3. Ce sont d'excellentes gens, *faisant* le bien par goût, et *obligeant* par habitude quiconque a besoin d'un service.

4. Deux cygnes *éclatants* de blancheur avaient attiré nos regards. Nous les voyions tantôt *planant* au-dessus de nos têtes, tantôt *effleurant* les eaux vertes du lac, ou s'y *plongeant* avec mille joyeux ébats. Enfin ils s'élevèrent dans les airs, et nous cessâmes de les voir ; mais des sons mélodieux et *brillants* descendaient jusqu'à nous de la hauteur des cieux.

5. Nous pouvons vous assurer, mes amis, qu'en *travaillant* avec cette ardeur, vous ne trouverez pas dans l'étude une seule difficulté dont vous ne sortiez *triomphants*.

6. Ordinairement les hommes que l'on voit *écrasant* les petits de leur dédains, sont bas et *rampants* devant les grands.

7. S'il y a peu de portraits *ressemblants*, c'est moins la faute des peintres que des modèles, qui se font, en posant, tout autres que ne les a faits la nature.

8. L'automne, s'*enfuyant* à pas précipités, a enlevé aux arbres leurs dernières feuilles *jaunissantes ;* et l'aquilon furieux s'est déchaîné, *secouant* de ses sombres ailes l'hiver et les frimas.

9. On entendait leurs cris *déchirants ;* et on les voyait, sans pouvoir, hélas! les secourir, *tendant* du milieu des flammes leurs mains *suppliantes*.

ANALYSE.

1. *Confiants*, adj. verbal comme accomp. du verbe *être*; masc. plur., se rapportant à *jeunes gens*.

DÉFIANTS, adj. verbal pour la même raison ; masc. plur., se rapportant à *vieillards*.

2. BRILLANTES, adj. verbal, pouvant être accompagné du verbe *être* (ÉTANT *brillantes*) ; fém. plur., se rapportant à *gouttes*.

RENVOYANT, participe présent, invar., ayant un complém. dir., qui est *couleurs*. Il ne peut d'ailleurs être accompagné du verbe *être*.

3. FAISANT, partic. présent pour la même raison que *renvoyant*.

OBLIGEANT. Même analyse.

4. ÉCLATANTS, adj. verbal, pouvant être accomp. du verbe *être* (qui ÉTAIENT *éclatants*); masc. plur., se rapportant à *cygnes*.

PLANANT, partic. prés., parce qu'il marque une action simultanée (ou présente) par rapport à *voyions*. (Nous les voyions planer.) D'ailleurs il ne peut être accompagné du verbe *être*.

EFFLEURANT, partic. prés. pour la même raison que *planant*, et, de plus, parce qu'il a un complément direct.

PLONGEANT. Même analyse.

BRILLANTS, adj. verbal, comme pouvant être accomp. du verbe *être* (qui ÉTAIENT *brillants*) ; masc. pl., se rapportant à *sons*.

5. TRAVAILLANT, part. prés. parce qu'il marque une action simultanée (ou présente) par rapport à *trouverez*. Il est d'ailleurs précédé de la prép. *en*, et ne saurait être accomp. du verbe *être*.

TRIOMPHANTS, adj. verbal, comme pouvant être accompagné du verbe *être* (ÉTANT *triomphants*).

6. ÉCRASANT, part. prés., parce que, etc.

RAMPANTS, adj. verbal, comme accompagné de *être*, etc.

7. RESSEMBLANTS, adject. verbal, comme pouvant être accomp. du verbe *être* (qui SOIENT *ressemblants*) ; etc.

8. ENFUYANT, partic. prés. parce que, etc. (compl. direct).

JAUNISSANTES (qui ÉTAIENT *jaunissantes*).

SECOUANT, partic. prés. parce que, etc. (compl. direct).

9. DÉCHIRANTS (qui ÉTAIENT *déchirants*).

TENDANT (action simultanée, compl. dir , etc.).

SUPPLIANTES (qui ÉTAIENT *suppliantes*).

PARTICIPES PRÉSENTS.

2e DICTÉE.

1. Ceux que l'on voit toujours *tendant* la main, méritent moins notre pitié que ces pauvres timides et honteux, *restant* dans leurs demeures et ne *demandant* jamais.

2.

2. Au pied du trône de Pluton était la Mort pâle et *dévorante*, avec sa faux *tranchante*, qu'elle aiguisait sans cesse.

3. Que de dangers n'a pas courus la caravane, lorsque les sables *mouvants*, s'*élevant* tout-à-coup au souffle embrasé du simoun, ont obscurci l'air, et ensuite, *retombant* comme une pluie ardente, ont enseveli, pour ainsi dire, les voyageurs perdus et *errant* au hasard loin de la route qu'ils avaient d'abord suivie !

4. Je vois ces murs *croulant*, ces portes embrasées,
   Sous ces lambris *fumants* ces femmes écrasées,
   Ces esclaves *fuyant*, le tumulte, l'effroi,
   Les armes, les flambeaux, la mort autour de moi.

5. Ils allaient, *chancelant* à chaque pas, et comme frappés de vertige, se heurter aux corps *expirants* de leurs camarades, parmi les débris *fumant* encore de l'incendie allumé par leurs mains.

6. Les astres *scintillant* au ciel guidaient seuls notre marche pénible, et de leurs feux *vacillants*, souvent voilés par les nuages, éclairaient dans la montagne nos pas *errants*.

7. Le trompeur ne peut se déguiser entièrement ; étudiez-le : ses paroles sont muettes, mais ses regards *parlants*.

8. Ils étaient exténués, tout *grelotants* de froid, et à moitié *mourants* de fatigue et de besoin.

9. On voyait errer dans ces gras pâturages les taureaux *mugissants* et les brebis *bêlantes*, avec leurs tendres agneaux *bondissant* autour d'elles.

ANALYSE.

1. TENDANT (action simultanée, compl. dir., etc.).
RESTANT (action simultanée, impossibilité d'y ajouter *être*).
DEMANDANT (comme *tendant*).
2. DÉVORANTE (*qui* ÉTAIT *dévorante*).
TRANCHANTE (*qui* ÉTAIT *tranchante*).
3. MOUVANTS (*qui* ÉTAIENT *mouvants*).
ELEVANT (action simultanée, compl. dir., etc.).
RETOMBANT (action simultanée, impossibilité d'y ajouter *être*).
ERRANT. Même analyse.
4. CROULANT. Même analyse.
FUMANTS (*qui* SONT *fumants*).
FUYANT (comme *croulant*).
5. CHANCELANT (comme *fuyant*).
EXPIRANTS (*qui* ÉTAIENT *expirants*).
FUMANT (comme *chancelant*). Remarquez que ce mot serait un adj. verbal si l'adverbe *encore* était avant lui au lieu d'être après (*parmi les débris encore fumants de l'incendie*). Cette particularité doit faire saisir bien clairement, il me semble, le caractère du participe présent, ainsi que de l'adj. verbal.

6. Scintillant (*faisant l'action de scintiller*).
Vacillants (*qui* étaient *vacillants*).
Errants (*qui* étaient *errants*).
7. Parlants (sont *parlants*).
8. Grelotants (accomp. de *être*).
Mourants (comme *grelotants*).
9. Mugissants (*qui* sont *mugissants, dont le propre est de mugir*).
Bélantes (*qui* sont *bélantes, dont le propre est de béler*).
Bondissant (*faisant l'action de bondir*). C'est le complém. indir. autour *d'elles* qui indique ici qu'il y a action. Toutefois, le mot pourrait, sans trop d'efforts, être démontré adj. verbal (*Avec leurs tendres agneaux qui* étaient *bondissants autour d'elles*).

PARTICIPES PASSÉS avec être.

DICTÉE.

1. Ceux qui sont bien *déterminés* à ne pas souffrir l'esclavage, peuvent être *privés* de la vie, mais non de la liberté.

2. D'après une lettre qui m'a été *écrite* de cette ville même par un de mes amis, qui y est *établi* depuis longtemps, les choses ne sont pas *arrivées* exactement comme elles nous ont été *racontées*.

3. La bataille n'était pas encore *engagée* que déjà elle était *perdue* par nos adversaires, si grande était la terreur dont ils étaient *frappés* depuis leur dernière défaite.

4. Ces enfants sont *aimés* de leurs parents, *chéris* de leurs maîtres, et *estimés* de leurs condisciples à cause de leur application et de leur bonté ; bientôt ils le seront de tout le monde à cause de leur instruction.

5. Les démonstrations les plus abstraites, quelque obscures qu'elles soient, ne tardent pas à être *comprises* si elles sont *écoutées* et *suivies*.

6. Si vous êtes *restés* dans l'ignorance, mes amis, c'est parce que votre attention n'a pas été assez *soutenue :* les difficultés ne sont *vaincues* que par le travail, et la couronne n'est *donnée* qu'à la persévérance.

7. Ils sont *partis* comme ils étaient *venus*, n'ayant été *accueillis* et *protégés* nulle part par aucun de ceux à qui ils avaient été *recommandés*.

8. Si la vertu est *persécutée* ici-bas, elle sera *récompensée* dans une vie meilleure : c'est par les soins de Dieu même que les justes seront *consolés*.

ANALYSE.

1. Déterminés, participe passé, qui, étant accomp. de *être* (sont);

s'accorde avec *qui*, sujet du verbe, lequel est masc. plur., se rapportant à *ceux*.

PRIVÉS, partic. passé, qui, étant accomp. de *être*, s'accorde avec *ceux*, sujet du verbe, masc. plur.

2. ÉCRITE, partic. passé, qui, étant accomp. de *être* (*a été*), s'accorde avec *qui*, sujet du verbe, lequel est fém. sing., se rapporte à *lettre*.

ÉTABLI, partic. passé, qui, étant, etc.

ARRIVÉES, partic. passé, qui, étant, etc.

RACONTÉES. Même analyse.

3. ENGAGÉE (la bataille).

PERDUE (elle, c'est-à-dire la bataille).

FRAPPÉS (ils, c'est-à-dire eux, les adversaires).

4. AIMÉS, CHÉRIS, ESTIMÉS (les enfants).

5. COMPRISES, ÉCOUTÉES, SUIVIES (les démonstrations).

6. RESTÉS (vous, mes amis).

SOUTENUE (l'attention).

VAINCUES (les difficultés).

DONNÉE (la couronne).

7. PARTIS (ils, eux).

VENUS (ils, le 2e).

ACCUEILLIS, PROTÉGÉS (ils, sujet qu'aurait *ayant été accueillis* s'il était personnel).

RECOMMANDÉS (ils, le 3e).

8. PERSÉCUTÉE (la vertu).

RÉCOMPENSÉE (elle, la vertu).

CONSOLÉS (les justes).

PARTICIPES PASSÉS AVEC AVOIR.

DICTÉE.

1. Si les hommes avaient toujours *suivi* la loi naturelle que Dieu a *gravée* dans toutes les consciences, ils n'auraient jamais *dévié* du chemin de la vertu.

2. Vainement avons-nous *triomphé* de tout ce qui nous faisait obstacle, si nous n'avons *vaincu* nos passions; car il n'y a pour nous de victoires véritables que celles que nous avons *remportées* sur notre propre cœur.

3. Ceux qui ont *vécu* parmi les hommes, et qui les ont longtemps *étudiés*, ont *appris* la plus triste des choses, la défiance.

4. Notre conscience nous dit, quand nous avons *secouru* un de nos frères, que notre action est bonne; et quand nous lui avons *refusé* notre aide, que nous avons mal *agi*.

5. Socrate, qui a *passé* avec raison pour un oracle de la sagesse humaine, disait après avoir beaucoup *appris* : Ce que je sais le mieux, c'est que je ne sais rien.

6. Jésus-Christ dira aux élus : Venez, les bénis de mon Père; car j'ai *eu* faim et vous m'avez *donné* à manger, j'ai *eu* soif et vous m'avez *donné* à boire, j'ai *été* nu et vous m'avez *revêtu*, j'ai *été* en prison et vous m'avez *visité*.

7. Les progrès de ces élèves n'ont *répondu* qu'à demi aux sacrifices que leurs parents avaient *faits*, et aux espérances qu'ils avaient *conçues*.

8. Dieu nous demandera compte un jour des heures et des moments que nous aurons *perdus*.

9. La fortune a toujours *fait* moins d'heureux que de misérables, même parmi ceux qu'elle a le plus *comblés* de ses dons.

ANALYSE.

1. Suivi, partic. passé, qui, étant accomp. de *avoir* (*avaient*), est invariable parce que son compl. dir. *loi* est après.

Gravée, partic. passé, qui, étant accomp. de *avoir* (*a*), s'accorde avec *que*, son compl. dir. placé avant, lequel est fém. sing., se rapportant à *loi*.

Dévié, partic. passé, qui, étant accompagné de *avoir* (*auraient*), est invar., n'ayant pas de compl. direct.

2. Triomphé. Même analyse que pour Dévié, qui précède (pas de compl. direct).

Vaincu. Même analyse que pour *suivi*, de la phrase 1 (compl. dir. placé après).

Remportées. Même analyse que pour Gravée, de la phrase 1 (compl. dir. *que*, pour *celles* représentant *victoires*).

3. Vécu. Même analyse que pour Dévié, de la phrase 1, et Triomphé, de la phrase 2 (pas de compl. direct).

Étudiés. Même analyse que pour Gravée et Remportées (compl. direct *les* pour *hommes*).

Appris. Même analyse que pour Suivi et Vaincu (compl. dir. placé après).

4. Secouru, refusé. Même analyse que pour Suivi, Vaincu et Appris (compl. dir. placé après).

Agi. Même analyse que pour Dévié, Triomphé et Vécu (pas de compl. direct).

5. Passé. Même analyse.

Appris. Même analyse; car le mot *beaucoup* n'est pas un complément direct de *appris*, puisqu'il est adverbe. D'ailleurs, quand il le serait, il n'influerait en rien sur l'orthographe du participe, puisque, comme adverbe, il n'a ni genre ni nombre.

6. Eu. Même analyse que pour Suivi, Vaincu, etc. (compl. dir. placé après).

Donné. Même analyse. Ici, le compl. direct est l'indéfini sous-entendu *quelque chose* (quelque chose à *manger*).

Été. Même analyse que pour Dévié, Triomphé, etc.

Revêtu, visité. Même analyse que pour Gravée, Remportées, Étudiés (compl. dir. *m'* pour *me*).

7. Répondu (pas de compl. direct).

Faits, conçues. Même analyse que pour gravée, remportées, etc. (compl. dir. de *faits*, que pour *sacrifices*; et de *conçues, qu'* pour *espérances*).

8. Perdus. Même analyse (compl. dir. que pour *moments*).

9. Fait (compl. dir. placé après).

Comblés. Même analyse que pour gravée, remportées, etc. (compl. dir. que pour *ceux*).

PARTICIPES PASSÉS avec être pour avoir.

DICTÉE.

1. Quand nous nous sommes *aperçus* que nous faisions fausse route, nous nous sommes *empressés* de revenir sur nos pas.

2. Vous vous êtes *mis*, ma pauvre enfant, de fausses idées dans l'esprit, quand vous vous êtes ainsi *figuré* que nous n'avons à suivre dans la vie que nos penchants et nos goûts.

3. Ma sœur s'est *mise* à l'étude très résolûment; et elle s'est *aperçue* bientôt qu'il s'y trouve une multitude d'agréments, dont elle ne s'était pas même *doutée*.

4. Dieu nous pardonnera nos fautes lorsque nous nous en serons *repentis* sincèrement, et surtout *corrigés*.

5. Vous vous étiez sans doute *imaginé* que les choses se seraient *passées* ainsi, sans aucune protestation de notre part.

6. Ils se sont *plu* dès le premier jour où ils se sont *vus*; et je crois que cette inclination réciproque s'est *accrue* depuis ce temps, plutôt qu'elle ne s'est *affaiblie*.

7. Nous nous étions *ris* de leurs prétentions, et *moqués* de leur outrecuidance : les voilà arrivés à leurs fins malgré nos risées et nos moqueries.

8. Je ne saurais dire avec quelle cruauté ils se sont *joués* de cette nature simple et timide. Pendant huit jours durant, ils se sont *complus*, *délectés* à le harceler, à le tourmenter de toutes les manières.

9. C'est en vain que nous nous sommes *récriés* contre les droits exorbitants que se sont *arrogés* nos nouveaux maîtres : ils se sont *ris* de nos protestations, et *montrés* plus insolents encore.

ANALYSE.

1. Aperçus, partic. passé, qui, étant accomp. de *être* pour *avoir* (sommes), s'accorde avec son compl. dir. *nous* (le 2e), qui le précède, masc. pluriel.

Empressés. Même analyse.

2. Mis, partic. passé, qui, étant accompagné de *être* pour *avoir* (êtes), est invariable parce que son compl. dir *idées* est après.

Figuré, partic. passé, qui, étant accompagné de *être* pour *avoir* (*êtes*), est invar., parce que son compl. dir. est la prop. suivante.

3. Mise, partic. passé, qui, étant accomp. de *être* pour *avoir* (*est*), s'accorde avec son compl. dir. s' pour *se*, qui le précède, et qui est fém. sing., se rapportant à *sœur*.

Aperçue. Même analyse; seulement s' se rapporte à *elle*, qui lui-même se rapporte à *sœur*.

Doutée. Même analyse.

4. Repentis (compl. dir. le 2ᵉ *nous*).

Corrigés, partic. passé, qui étant accomp. de *être* pour *avoir* sous-entendu (*nous nous* serons *corrigés*), s'accorde etc.

5. Imaginés (compl. dir. *que les choses se seraient passées,* etc.).

Passées (compl. dir. *se* pour *choses*).

6. Plu, part. passé, qui étant, etc. (pas de compl. dir.).

Vus (compl. dir. *se* pour *ils*).

Accrue (compl. dir. *s'* pour *inclination*).

Affaiblie (compl. dir. *s'* pour *elle*).

7. Ris, moqués (compl. dir. le 2ᵉ *nous*).

8. Joués (compl. dir. *se* pour *ils* [le 1ᵉʳ]).

Complus, délectés (compl. dir. *se* pour *ils* [le 2ᵉ]).

9. Arrogés (compl. dir. *que* pour *droits*).

Ris, montrés (compl. dir. *se* pour *ils*).

PARTICIPES PASSÉS SANS ÊTRE NI AVOIR.

DICTÉE.

1. Après beaucoup d'excursions pénibles, *tentées* inutilement et *renouvelées* pendant plusieurs jours, ils rentrèrent *harassés* et *exténués.*

2. Comment la jeunesse, *livrée* à elle-même, et *abandonnée* sans guide à la fougue de l'âge, résisterait-elle à la séduction des plaisirs, *étalés* de toutes parts autour d'elle ?

3. Les animaux naissent *vêtus*, *armés*, *pourvus* enfin de moyens d'existence; l'homme seul vient au monde nu, *privé* de tout, et comme *délaissé* de la nature : lui *destiné* à commander aux animaux! lui *établi* le maître et le roi de la création!

4. Ils se retirèrent *moqués*, *bafoués*, *honnis;* mais non *interdits* et *déconcertés.*

5. C'est du sein de Dieu même que tombent ces fruits et ces récoltes si impatiemment *attendus;* car c'est Dieu qui féconde la terre *cultivée* par nos mains, et *arrosée* par nos sueurs.

6. Que de traits de courage et de dévoûment *accumulés* dans nos annales, et *laissés* comme d'impérissables exemples à la postérité !

7. *Enorgueillis* de leur naissance, *enivrés* de leur pouvoir,

caressés par la gloire et la fortune, *flattés* et *adulés* par tout ce qui les entoure, les rois ont, plus que les autres hommes, besoin du secours du ciel.

8. Ils s'avançaient *appuyés* l'un sur l'autre, comme on voit le lierre ou la vigne *enlacée* au tronc vigoureux de l'ormeau.

ANALYSE.

1. TENTÉES, partic. passé, qui, n'étant accomp. ni de *être*, ni de *avoir*, s'accorde comme adj. avec *excursions*, fém. pl., auquel il se rapporte.

RENOUVELÉES. Même analyse.

HARASSÉS, partic. passé, qui, n'étant accomp. ni de *être* ni de *avoir*, s'accorde comme adj. avec *ils*, masc. pl., auquel il se rapporte.

EXTÉNUÉS. Même analyse.

2. LIVRÉE, participe passé, qui, n'étant, etc.

ABANDONNÉE. Même analyse.

ETALÉS, partic. passé, qui, n'étant, etc.

3. VÊTUS, partic. passé, qui, n'étant, etc.

ARMÉS, POURVUS. Même analyse.

PRIVÉ, partic. passé, qui, n'étant, etc.

DÉLAISSÉ. Même analyse.

DESTINÉ, partic. passé, qui, n'étant, etc.

ETABLI. Même analyse ; seulement il se rapporte au 2ᵉ *lui*.

4. MOQUÉS, BAFOUÉS, HONNIS, participes, qui, n'étant, etc.

5. ATTENDUS, partic. passé, qui, n'étant accomp. ni de *être* ni de *avoir*, s'accorde comme adj. avec *fruits* et *récoltes* (deux subst. de différent genre), masc. pl.

CULTIVÉE, partic. passé, qui, n'étant, etc.

ARROSÉE. Même analyse.

6. ACCUMULÉS, LAISSÉS, participes passés, qui, etc.

7. ENORGUEILLIS, part. passé, qui, etc.

ENIVRÉS, CARESSÉS, FLATTÉS, ADULÉS. Même analyse.

8. APPUYÉS, partic. passé, qui, etc.

ENLACÉE, partic. passé, qui, n'étant accomp. ni de *être* ni de *avoir*, s'accorde comme adj. avec *vigne*, fém. sing., à l'exclusion de *lierre*, parce que les deux subst. sont séparés par la conjonction *ou*.

PARTICIPES PASSÉS SUIVIS D'UN INFINITIF.

1ʳᵉ DICTÉE.

1. La pièce que nous avons *vu* jouer hier était tout-à-fait dépourvue d'intérêt : sans le talent des acteurs qu'on y a *vus* jouer, elle serait indubitablement tombée.

2. Les difficultés par lesquelles vous vous êtes *vu* arrêter, mes amis, n'eussent été rien si l'on vous eût *vus* déployer un peu plus d'activité et d'énergie.

3. C'est la personne même que vous avez *entendue* chanter avec tant de goût, qui a composé les jolis airs que vous lui avez *entendu* chanter.

4. Les efforts que je les ai *vus* faire, méritaient une autre récompense que celle que je leur ai *vu* accorder.

5. C'est à tort que nous les avons *laissés* aller à leur guise; car ils se sont *laissé* égarer dès les premiers pas.

6. La phrase que nous avons *entendu* dicter, n'a pas été dictée par la même personne que nous avons *entendue* dicter la phrase précédente.

7. Nous renvoyons à ceux qui ont *osé* nous injurier, les injures que nous nous sommes *entendu* adresser.

8. Les mains que nous avions *senties* nous comprimer avec tant de force, se sont, à leur tour, *senti* comprimer par une force plus grande encore.

9. Nous les avons *vu* peindre par la grande artiste même que nous avions déjà *vue* peindre de si charmants tableaux.

10. Tous les ennemis qu'ils avaient *vus* s'armer contre eux, se sont *vu* à l'instant renverser et anéantir.

ANALYSE.

1. Vu, partic. passé, suivi de l'infinitif *jouer*. Il est invariable, ayant pour compl. dir. l'infinitif qui le suit, et non le pron. *que* dont il est précédé, et qui est compl. dir. de l'infinitif lui-même; car le sens n'est pas : *Nous avons vu la pièce jouer* (*qui jouait*), mais *Nous avons vu jouer la pièce*.

Vus, partic. passé, suivi de l'infinitif *jouer*. Il est masc. pl., s'accordant avec *qu'* pour *acteurs*, qui est son compl. dir., parce que le sens est : *Nous avons vu les acteurs jouer* (*qui jouaient*).

2. Vu, partic. passé, suivi de l'infinitif *arrêter*. Il est invar., ayant pour compl. dir. l'infinitif qui le suit, et non le pronom réfl. *vous* qui le précède, et qui est compl. dir. de l'infinitif lui-même; car le sens n'est pas : *Vous vous êtes vus vous arrêter*, mais *Vous vous êtes vu arrêter vous*.

Vus, partic. passé, suivi de l'infinitif *déployer*. Il est masc. plur., s'accordant avec le pron. pers. *vous*, qui le précède, et qui est son compl. dir. parce que le sens est : *On eût vu vous déployer*, et non *On eût vu déployer vous* (*C'est vous qui déployez, et non qui êtes déployés*).

3. Entendue, partic. passé, suivi de l'infinitif *chanter*. Il est fém. sing., s'accordant avec le pron. rel. *que* pour *personne*, qui est son comp. dir. parce que, etc. (Même analyse que pour le partic. vus de la phrase 1).

Entendu, partic. passé, suivi de l'infinitif *chanter*. Il est invariable, ayant pour compl. dir., etc. (Même analyse que pour le participe vu de la phrase 1.)

4. Vus, partic. passé, suivi de l'inf. *faire*. (Même analyse que pour le partic. vus de la phrase 1.)
Vu (compl. dir. *accorder*).
5. Laissés (compl. dir. le pron. *les*).
Laissé (compl. dir. l'inf. *égarer*).
6. Entendu (compl. dir. l'inf. *dicter*).
Entendue (compl. dir. *que* pour *personne*).
7. Osé (compl. dir. l'inf. *injurier*).
Entendu (compl. dir. l'inf. *adresser*).
8. Senties (compl. dir. *que* pour *mains*).
Senti (compl. dir. l'inf. *comprimer*).
9. Vu (compl. dir. l'inf. *peindre*).
Vue (compl. dir. *que* pour *artiste*, qui est ici fém.).
10. Vus (compl. dir. *qu'* pour *ennemis*).
Vu (compl. dir. les inf. *renverser* et *anéantir*).

Remarque. Il y a des phrases construites avec deux verbes de suite, dont le premier est un participe et le second un infinitif, comme dans la plupart des exemples de cette dictée.

Il y en a d'autres où les deux verbes sont participes, comme, par exemple : *Ils se sont* vus perdus.

Enfin, il y en a où c'est le sens qui décide seul si les deux verbes sont participes, comme, par exemple, *ils se sont* vu dépouiller, que l'on peut écrire aussi, mais avec un autre sens, *ils se sont* vus dépouillés. Dans *vu dépouiller*, il y a simultanéité du second verbe par rapport au premier ; et dans *vus dépouillés*, il y a antériorité.

PARTICIPES PASSÉS SUIVIS D'UN INFINITIF.

2e DICTÉE.

1. Les sciences que nous avons *commencé* à étudier, nous semblent peu difficiles à comprendre par la méthode qu'on nous a *donnée* à suivre.

2. Que de contrariétés et d'ennuis ils ont *eus* à souffrir dans la nouvelle carrière où, malgré nos conseils, ils ont *persisté* à vouloir s'engager !

3. Les vertus que vous vous étiez *efforcés* de nous inspirer, eussent fait le bonheur de notre vie, si nous ne nous étions *lassés* de les pratiquer.

4. Les difficultés auront bientôt *cessé* de vous paraître insurmontables, lorsque vous aurez sérieusement *cherché* à les vaincre.

5. Il ne faut plus vous écarter de la bonne route, quand vous l'avez une fois *commencé* à suivre.

6. Les heureux fruits des bons principes que l'on a *tâché* de nous inculquer, n'ont pas *tardé* à nous dédommager de toutes les peines que nous avions *eues* à les mettre en pratique.

7. Les démarches que vous nous avez *conseillé* de faire, auront-elles les heureux résultats que vous nous en avez *fait* espérer?

8. Les preuves qu'ils ont *essayé* de faire valoir, ne sont fondées sur rien de tant soit peu raisonnable : je m'étonne qu'ils les aient *osé* présenter.

9. Nous nous sommes *appliqués* à fuir les occasions que vous nous avez *recommandé* d'éviter, et dont, sans vos bons conseils, nous aurions *fini* par devenir les victimes.

10. Les difficultés qu'on a *cherché* à vaincre, ont toujours paru moins rebutantes, à mesure qu'on a fait plus d'efforts pour les surmonter.

ANALYSE.

1. Commencé, partic. passé, suivi de l'infinitif *étudier* (quoique séparé par la prép. *à*). Il est invariable, ayant pour compl. direct l'infinit. *étudier*, et non le pronom *que* pour *leçons*, parce que le sens n'est pas : *Nous avons commencé les leçons à étudier*, mais *Nous avons commencé à étudier les leçons.*

Donnée, partic. passé, suivi de l'infinitif *suivre*. Il est fém. sing., s'accordant avec *qu'* pour *méthode*, qui le précède, et qui est son compl. direct, parce que le sens est *On nous a donné la méthode à suivre.*

2. Eus (compl. dir. *contrariétés* et *ennuis*, qui sont de différent genre).

Persisté (pas de compl. direct. Ce verbe est toujours neutre).

3. Efforcés (compl. dir. le pron. réfl. *vous*).

Lassés (compl. dir. le pron. réfl. *nous*).

4. Cessé (compl. dir. *paraître*).

Cherché (compl. dir. *vaincre*).

5. Commencé (compl. dir. *suivre*).

6. Tâché (compl. direct *inculquer*).

Tardé (pas de compl. direct, ce verbe étant toujours neutre).

Eues (compl. direct *que* pour *peines*).

7. Conseillé (compl. direct *faire*).

8. Essayé (compl. dir. *faire*).

Osé (compl. direct *présenter*).

9. Appliqués (compl. dir. le pron. réfl. *nous*).

Recommandé (compl. dir. *éviter*).

Fini (pas de compl. direct).

10. Cherché (compl. direct *vaincre*).

PARTICIPES PASSÉS SUIVIS D'UN INFINITIF.

5ᵉ DICTÉE.

1. Je ne vous conseille pas de laisser aller les affaires à vau-l'eau ; mais je pense que, lorsque vous y avez apporté tout le soin, toute l'attention que vous avez *pu*, vous ne devez plus trop vous en inquiéter.

2. Nous avons fait toutes les démarches que vous avez *voulues*, mais les résultats n'ont pas répondu à votre attente ni à la nôtre.

3. On vous rend le témoignage que vous avez fait tous les efforts que vous avez *pu* et que vous avez *dû*.

4. Nous lui avons toujours exactement payé toutes les sommes que nous lui avons *dues*.

5. Les questions que le célèbre Pascal avait *données* à résoudre aux savants de son temps, n'ont pas été résolues, quoiqu'ils aient fait tous les efforts qu'ils ont *pu* pour en trouver la solution.

6. Il lui a été donné d'étudier toutes les sciences, de parcourir toutes les contrées qu'il a *voulu*.

7. De quoi peuvent-ils se plaindre ? ne leur a-t-on pas accordé toutes les facilités qu'ils ont *voulues*?

8. Les bruits qu'on a *fait* courir étaient ridicules, et je m'étonne que vous les ayez *fait* démentir : leur invraisemblance même les aurait *fait* tomber.

9. Certains acteurs se sont *fait* applaudir dans des pièces où d'autres se seraient *fait* siffler.

10. Les sommes que vous nous avez *fait* parvenir, sont insuffisantes depuis que tant de besoins nouveaux se sont *fait* sentir.

11. Ils nous ont *fait* payer cher les secours que nous leur avions *fait* demander.

12. Cette personne s'est toujours *fait* remarquer parmi nos plus irréconciliables ennemis.

ANALYSE.

1. Pu, partic. passé, suivi d'un infinitif sous-entendu (*pu* APPORTER). Il est invariable, comme si l'infinitif était exprimé ; car, dans ce cas, on ne pourrait pas dire : *Vous avez pu l'attention apporter*, mais *Vous avez pu apporter l'attention*.

Voir les analyses des deux précédentes dictées.

2. VOULUES, partic. passé. Il suit la règle générale, parce que le sens s'oppose à ce qu'on le considère comme suivi d'un inf. sous-entendu.

3. *Pu*, partic. passé, suivi d'un infinitif sous-entendu (*pu* FAIRE). Il est donc invariable. (Voir le même mot dans la phrase 1.)

Dû. Même analyse.

4. DUES. Il suit la règle générale, ne pouvant être considéré comme suivi d'un infinitif sous-entendu.

5. PU. Même analyse que dans la phrase 1.

6. VOULU, partic. passé, suivi d'un infinitif sous-ent. (*voulu* PAR-COURIR). Il est donc invariable.

7. VOULUES. Il suit la règle générale, ne pouvant être considéré comme suivi d'un infinitif.

8. FAIT, partic. passé, suivi d'un infinitif (*courir*), invariable.

FAIT (le 2e). Même analyse.

· 9. FAIT. Même analyse.

10. FAIT. Même analyse.

11. FAIT. Même analyse.

12. FAIT. Même analyse.

REMARQUE. Il y a, ce nous semble, une grande anomalie à considérer le participe *fait* comme toujours invariable devant un infinitif, et à faire varier quelquefois le participe *laissé* dans le même cas. En effet, quelle différence de construction y a-t-il entre *la personne que j'ai fait venir* et *la personne que j'ai laissée venir*? Absolument aucune. Dans les deux cas, le participe n'a pas sa signification propre, et l'infinitif lui est nécessaire pour qu'il ait un sens : on n'a pas plus *laissé* que *fait* la personne : on a *laissé venir* comme on a *fait venir* la personne : en sorte que, dans l'un comme dans l'autre cas, le premier *que* est complément direct du participe et de l'infinitif réunis.

Cela soit dit pour nous justifier de ne pouvoir, en acceptant avec tout le monde la variabilité de *laissé*, donner une raison satisfaisante de l'invariabilité de *fait* devant un infinitif dans certains cas.

PARTICIPES PASSÉS DE VERBES UNIPERSONNELS.

DICTÉE.

1. L'amour de la gloire et celui de la patrie ont toujours été les plus forts stimulants qu'il y ait *eu* pour les grandes et belles choses.

2. Les longues pluies qu'il a *fait*, ne nous permettent pas d'espérer cette année des récoltes aussi abondantes que celles qu'il y a *eu* l'année dernière.

3. Mon frère a acheté une propriété magnifique : les récoltes qu'il y a *eues* pendant les trois premières années, l'ont presque fait rentrer dans le prix d'achat.

4. Quelle patience et quel travail n'a-t-il pas *fallu* à ce jeune homme, quand on songe qu'il a dû suppléer par l'étude tous les avantages que la nature lui avait refusés!

5. Les fêtes qu'il y a *eu* à l'occasion de cette victoire, ont été des plus belles qui se soient jamais vues.

6. Si la langue française n'est pas une des plus belles qu'aient

parlées les hommes, c'est du moins une des plus expressives et des plus harmonieuses qu'il y ait jamais *eu*.

7. Les froids précoces qu'il a *fait*, et les gelées tardives qu'il y a *eu*, ont fait beaucoup de mal aux récoltes, surtout à celle du vin.

8. Les calamités de toute sorte qu'il y a *eu* dans cette malheureuse contrée, l'ont livrée pour longtemps à la misère et au désespoir.

9. Par les fautes mêmes qu'il nous est *arrivé* de commettre, apprenons à veiller sur nous, afin de ne plus pécher.

10. Il a été *lu* dans cette réunion des ouvrages qui laissaient beaucoup à désirer; cependant il ne leur a *manqué* ni éloges ni encouragements.

11. Supportons avec une âme stoïque les adversités qu'il a *plu* au ciel de nous envoyer.

12. Il s'est *passé* d'étranges événements depuis quelque vingt années que nous ne nous étions vus.

ANALYSE.

1. Eu, participe passé de verbe unipersonnel, invariable. Le pronom *que*, dont il est précédé, n'est point son complém. direct, mais un attrib. du pronom indéfini *il*.

En effet, le pronom *que* doit être ici ce qu'y serait le mot *stimulants* lui-même dont il tient la place; or, comment analyser *il y a eu des stimulants* ?

1° *Il*, quand il est indéfini, veut dire *ceci*.

2° *Y a eu* signifie *a existé*.

Donc *il y a eu* veut dire *ceci a existé* ; mais quoi ceci? Des stimulants. Donc *stimulants* se rapporte à *ceci*, ou, en d'autres termes, c'en est un attribut. Donc le pronom *que*, relatif à *stimulants*, est attribut de *il*, et non complément direct de EU.

Voir ma Grammaire, page 111.

2. FAIT, participe passé de verbe unipers., invariable.

EU. Même analyse.

3. EUES. Il suit la règle générale, n'appartenant pas à un verbe unipersonnel, parce que le pronom *il* n'est pas indéfini, mais relatif à *frère* ; car *les récoltes qu'il y a eues* signifie *les récoltes que* MON FRÈRE *y a eues*.

4. FALLU, partic. de verbe unipers., invariable.

5. EU. Même analyse.

6. EU. Même analyse.

7. FAIT, EU. Même analyse.

8. EU. Même analyse.

9. ARRIVÉ. Même analyse, avec cette différence que les participes précédents sont invariables par manque de compl. direct, et celui-ci parce que le sujet *il*, auquel il se rapporte comme accompagné de *être*, n'a ni genre ni nombre.

Voir ma Grammaire, pages 110 et 111.

10. Lu. Même analyse.

Manqué (pas de sompl. direct : *éloges* et *encouragements* sont attrib. de *il*).

11. Plu (pas de complément direct).

12. Passé (complém. dir. *s'* pour *se,* qui, comme pronom réfléchi, se rapporte au sujet *il,* lequel n'a ni genre ni nombre).

PARTICIPES PASSÉS PRÉCÉDÉS DE en, dont.

DICTÉE.

1. Ils n'ont jamais songé qu'aux plaisirs, et ils en ont *goûté* de toute sorte : la seule chose qui leur en soit *restée*, c'est le remords.

2. Une fois que nous nous sommes laissés aller à la prévention, il est rare que nous en soyons *tirés* même par l'évidence.

3. Les gens de lettres ont rendu aux grands plus de services qu'ils n'en ont *reçu*, s'il est vrai que ce soient eux qui les ont faits grands.

4. Quelques justes éloges qu'on vous ait donnés, vous en avez *mérité* de bien plus grands encore par la belle conduite que vous avez tenue.

5. Les gens que nous avons vus solliciter les charges et les honneurs, sont presque toujours ceux qui s'en sont *montrés* les moins dignes.

6. Peu de personnes se seraient tirées de ce mauvais pas avec autant d'adresse que vous en avez vous-mêmes *montré*.

7. Alexandre a certainement fondé un grand nombre de villes, mais combien davantage encore n'en a-t-il pas *détruit* !

8. Les bienfaits dont vous nous avez *comblés*, sont gravés dans nos cœurs en caractères ineffaçables; la mémoire que nous en avons *conservée*, ne finira qu'avec notre vie.

9. Puissent les plaisirs dont vous avez *goûté*, ne pas vous détourner de la pratique du bien !

10. Ils ont rempli tous leurs devoirs avec le zèle le plus louable, bien loin qu'ils en aient *négligé* aucun.

11. Combien en a-t-on *vu*, je dis des plus huppés,
   A souffler sur leurs doigts dans ma cour occupés !

12. Quand la nature étale à nos yeux quelqu'un de ses magiques spectacles, n'est-il pas vrai que nous en sommes *transportés* et *ravis?*

ANALYSE.

1. Goûté, partic. passé, précédé de *en*. Il est invariable parce que *en*

est indéfini (une somme de plaisirs). Comme accomp. de *avoir*, pas de compl. direct avec lequel il puisse s'accorder.

RESTÉE, partic., précédé de *en*. Il est variable parce que *en* est relatif. D'ailleurs, comme accomp. de *être* (*soit*), il s'accorde nécessairement avec le sujet *qui*, relatif à *chose*, et par conséquent fém. sing.

2. TIRÉS, partic. passé, précédé de *en*. Il est variable parce que *en* est relatif. Comme accomp. de *être*, il s'accorde avec le sujet *nous*, masc. pluriel.

3. REÇU, partic. passé, précédé de *en*. Il est invariable parce que *en* est indéfini (un nombre indéterminé de services). Comme accomp. de *avoir*, pas de compl. direct avec lequel il puisse s'accorder.

4. MÉRITÉ. Même analyse que pour GOUTÉ et REÇU.

5. MONTRÉS. Même analyse que pour RESTÉE et TIRÉS.

6. MONTRÉ. Même analyse que pour GOUTÉ, REÇU et MÉRITÉ. Voir ma *Grammaire*, pages 111 et 112..

7. DÉTRUIT (*en* qui le précède est indéf.).

8. COMBLÉS, partic. passé, précédé de *dont*. Il est variable parce que *dont* est relatif (tous les bienfaits). Comme accomp. de *avoir*, il s'acc. avec son compl. dir. *nous*, qui le précède, masc. pl.

CONSERVÉE, partic. passé, précédé de *en*. Il est variable parce que, etc.

9. GOUTÉ, partic. passé, précédé de *dont*. Il est invariable parce que *dont* est indéfini (vous avez goûté une partie indéterminée des plaisirs).

10. NÉGLIGÉ (*en* qui le précède est indéf.). Comme accomp. de *avoir*, il est encore invar., son compl. dir. *aucun* étant après.

11. VU (*en* qui le précède est indéf.).

12. TRANSPORTÉS, RAVIS. Même analyse que pour RESTÉE, TIRÉS et MONTRÉS.

PARTICIPES PASSÉS PRÉCÉDÉS DE L'.

DICTÉE.

1. L'étude n'est certainement pas hérissée d'autant de difficultés que vous l'avez *cru* jusqu'ici.

2. Cette personne a montré en toute occasion une constance plus grande qu'on ne l'aurait *supposé*.

3. Grâce aux nouveaux procédés de culture, notre propriété a rapporté cette année, ainsi que vous l'avez *vu*, plus que les deux années précédentes.

4. Votre mère n'a pas cessé d'être aussi bonne que vous l'avez *vue* jusqu'à ce jour; mais elle est peut-être devenue un peu plus ferme que vous ne l'auriez *voulu*.

5. L'intrépidité de nos soldats a été plus grande encore que les ennemis ne l'avaient *craint*, et nos généraux *espéré*.

6. Celui qui se livre tout entier à la pratique de la vertu, y trouve une volupté plus grande qu'il ne l'avait *supposé* d'abord.

7. La chose ne s'est point passée de la manière que vous l'avez *cru* dans le principe, mais comme je vous l'ai plus tard *rapporté*.

8. Ils ne se sont donnés à l'étude que quand ils l'ont *voulu*, et ils ont pu la laisser lorsqu'ils l'ont *trouvée* trop pénible.

9. La campagne est très agréable sans doute, mais moins que je ne l'avais *cru*, sur la foi des poètes et des romanciers.

10. Ma sœur est toujours aussi bonne, aussi attachée à mes intérêts que je l'ai *connue* autrefois.

11. Ils ont mieux pris la chose que je ne l'avais *espéré*, et se sont montrés de meilleure composition que je ne l'avais *prévu*.

ANALYSE.

1. CRU, partic. passé, précédé du pronom *l'*. Il est invariable parce que *l'* est mis pour *le*, ce dont on peut s'assurer en le faisant suivre d'un mot commençant par une consonne (*d'autant de difficultés que vous* LE *croyez, que vous* LE *pensez,* etc.). Comme accomp. de *avoir*, il s'accorde avec son compl. dir. le pronom indéf. *l'* pour *le*, qui le précède, et qui est masc. sing., ou plutôt sans genre ni nombre, représentant une proposition tout entière. (*L'étude n'est pas hérissée d'autant de difficultés que vous avez cru* QU'ELLE EN ÉTAIT HÉRISSÉE.)

2. SUPPOSÉ. Même analyse. (*Une constance plus grande qu'on ne* LE *supposerait, qu'on ne le croirait,* etc.) Comme accompagné de *avoir*, il s'accorde, etc.

3. VU. Même analyse.

4. VUE, partic., précédé de *l'*. Il est variable parce que *l'* est mis pour *la* (*aussi bonne que vous* LA *croyiez, que vous* LA *disiez,* etc.). Comme accompagné de *avoir*, ce partic. s'accorde avec le pron. *la*, son compl. dir., placé avant, pour *mère*, fém. sing.

VOULU (*l'* qui le précède, est mis pour *le*).

5. CRAINT, ESPÉRÉ (*l'* qui les précède, est mis pour *le*).

6. SUPPOSÉ (*l'* qui le précède, est mis pour *le*).

7. CRU. Même analyse.

RAPPORTÉ. Même analyse.

8. VOULU. Même analyse.

TROUVÉE (*l'* qui le précède, est mis pour *la*).

9. *Cru* (*l'* qui le précède, est mis pour *le*).

10. CONNUE (*l'* est mis pour *la*).

11. ESPÉRÉ, PRÉVU (*l'* est mis pour *le*).

PARTICIPES PASSÉS PRÉCÉDÉS DE LE PEU.

DICTÉE.

1. Au peu de bonnes raisons que vous m'avez *données*, j'opposerai le peu de lumières que j'ai *reçues* de la nature.

2. Quand vous nous avez conseillé de nous adresser à lui, vous ne connaissiez sans doute pas le peu d'obligeance qu'il a toujours *eu*.

3. Le peu de commisération que nous lui avons *témoignée* au milieu des malheurs qu'il a eus à souffrir, lui a conservé l'espérance, qui l'aurait certainement abandonné.

4. Quelque peu d'application que vous eussiez *apportée* à l'étude d'une règle si simple, vous l'eussiez certainement comprise, et vous ne vous seriez pas vu arrêter par le peu d'obscurité qu'elle vous avait *présentée* d'abord.

5. Le peu de nourriture qu'il avait *pris*, l'avait fait tomber dans une faiblesse extrême, d'où le peu d'aliments que nous lui avons *donnés*, l'ont enfin heureusement tiré.

6. Nous devons au peu de bonté que vous nous avez *montrée*, de pouvoir attendre des jours meilleurs.

7. Avec le peu d'activité qu'ils ont toujours *eu*, ils ne peuvent guère espérer de réussir.

8. Quelque peu de gloire que l'on eût *vu* dans cette expédition, elle fut cependant tentée, mais moins pour l'honneur que par avarice.

9. Son peu d'ambition n'a pas été *reconnu*; et le peu d'impartialité qu'on a *mis* à le juger, l'a fait passer pour un homme avide et insatiable d'honneurs et de pouvoir.

10. Que les hommes sont peu dignes, et combien le peu que j'en ai *connus* à fond seraient méprisables, si la religion ne me montrait en eux des frères, qu'elle m'ordonne de plaindre, et me défend de mépriser !

ANALYSE.

1. *Données*, partic. passé, précédé de *le peu*. Il est var. parce qu'on peut supprimer *le peu* et dire : *Aux bonnes raisons que vous m'avez* DONNÉES, *j'opposerai le peu de lumières que j'ai reçues de la nature.* Comme accomp. de *avoir*, ce partic. s'accorde avec le pron. *que*, son compl. dir., dont il est précédé, et qui se rapporte à *raisons*, parce que *le peu* est un collectif partitif.

REÇUES. Même analyse. (*Au peu de bonnes raisons que vous m'avez données, j'opposerai les lumières que j'ai* REÇUES *de la nature.*)

2. EU, partic. passé, précédé de *le peu*. Il est inv. parce que l'on ne peut pas supprimer *le peu* et dire : *Quand vous m'avez conseillé de m'adresser à lui, vous ne connaissiez sans doute pas l'obligeance qu'il a toujours* EUE. Comme accomp. de *avoir*, il s'accorde avec le pron. *que*, son compl. dir., dont il est précédé, et qui se rapporte, non pas à *obligeance*, mais à *le peu*, parce que ce collectif est général.

3. TÉMOIGNÉE. Même analyse que pour DONNÉES et REÇUES. (Le sens permet de supprimer *le peu*.)

4. APPORTÉE, partic. passé, précédé de *le peu*, renfermé dans *quelque peu*. (Le sens permet de supprimer *le peu*, car on peut dire : *Quelque application que vous eussiez* APPORTÉE, etc.)

Présentée (le sens permet de supprimer *le peu*).

5. Pris (le sens ne permet pas de supprimer *le peu*).

Donnés (le sens permet de supprimer *le peu*).

6. Montrée (le sens permet de retrancher *le peu*).

7. Eu (le sens ne permet pas de retrancher *le peu*).

8. Vu. Même analyse.

9. Reconnu. Même analyse. Comme accomp. de *être*, ce partic s'accorde avec le sujet, qui est non pas *ambition*, mais *le peu* (renfermé dans *son peu*), parce que ce collectif est ici général.

Mis (le sens ne permet pas de supprimer *le peu*).

10. Connu (le sens permet de supprimer *le peu*; car on peut dire : *Combien ceux que j'ai* connus, etc.

PARTICIPES COÛTÉ, VALU, EXCEPTÉ, SUPPOSÉ, VU, etc.

DICTÉE.

1. *Excepté* ses intérêts propres, rien n'a jamais été capable de le toucher.

2. *Supposé* la terre entière conquise, que ferez-vous? disait un ministre philosophe à un roi conquérant. Nous nous reposerons, répondit le Prince, et nous jouirons enfin de la gloire et du repos que nous auront *valus* nos exploits. Pourquoi n'en pas jouir dès aujourd'hui, répliqua le sage confident, plutôt que de vous exposer aux regrets qu'a toujours *coûtés* la victoire?

3. Les honneurs et les dignités que lui a *valus* sa conduite, ne sauraient compenser les mépris qu'ils lui ont *coûtés*.

4. On a excusé notre manque de succès, *vu* la position tout exceptionnelle dans laquelle nous nous sommes trouvés.

5. Il a dissipé en quelques années une fortune immense, *y compris* celle qu'il avait héritée de sa femme.

6. La somme exorbitante qu'a *coûté* ce domaine. il ne l'a jamais *valu*. Ce qu'il y a de certain, c'est que, jusqu'à ce jour, les bénéfices qu'il a *valus*, sont bien au-dessous des sacrifices qu'il a *coûtés*.

7. Leurs intrigues leur ont gagné les suffrages de tout le monde, ceux des honnêtes gens *exceptés*.

8. Vous trouverez *ci-joint* une reconnaissance de ma dette. Les diverses signatures que vous avez paru désirer comme garanties, sont pareillement *ci-incluses*, une seule *exceptée*.

9. Il ne faut pas seulement tenir compte des peines que vous a *coûtées* l'étude, mais considérer aussi les avantages qu'elle vous a *valus*.

10. Nous vous adressons *ci-inclus* un grand nombre d'adhésions à votre magnifique projet, la nôtre *y comprise*.

ANALYSE.

1. EXCEPTÉ, partic. passé, employé comme prépos. (*hormis*), inv.

2. SUPPOSÉ, partic. passé, employé prépositiv. (*dans la supposition de*), invar.

VALUS, partic. passé, signifiant *procurés*. Il s'accorde, comme accomp. de *avoir*, avec le pron. *que*, son compl. dir., dont il est précédé, et qui se rapporte à *gloire* et à *repos*, masc. pl.

COÛTÉS, partic. passé, signifiant *causés*. Il s'accorde, comme accomp. de *avoir*, avec le pron. *qu'* pour *que*, son compl. dir., qui le précède, et qui se rapporte à *regrets*.

3. VALUS. Même analyse que dans la phrase 2.

COÛTÉS. Même analyse que dans la phrase 2.

4. VU, partic. passé, employé prépositiv. (*en considération de*), inv.

5. Y COMPRIS, partic. passé, employé prépositiv. (*avec*), inv.

6. COÛTÉ, partic. passé, ayant sa signification ordinaire, inv. Comme accomp. de *avoir*, il est inv. parce qu'il n'a pas de compl. dir.

VALU. Même analyse.

VALUS, partic. passé, signifiant *procurés*. Il s'accorde, comme accomp. de *avoir*, avec le pron. *qu'* pour *que*, etc.

COÛTÉS, partic. passé, signifiant *causés*. Il s'accorde, etc.

7. EXCEPTÉS, partic. passé, qui, n'étant accomp. ni de *être* ni de *avoir*, s'accorde comme adj. avec *ceux*, masc. pl., auquel il se rapporte.

8. CI-JOINT, partic. passé, employé adverbialement (conjointement), invar.

CI-INCLUSES, partic. passé, qui, étant accomp. de *être*, s'accorde avec le sujet *signatures*, fém. pl.

EXCEPTÉE, partic. passé, qui, n'étant accomp. ni de *être* ni de *avoir*, s'accorde comme adj. avec SEULE, fém. sing., auquel il se rapporte.

9. COÛTÉES. (Il signifie *causées*.)

VALUS. (Il signifie *procurés*.)

10. CI-INCLUS. Même analyse que pour CI-JOINT de la phrase 8.

Y COMPRISE. Même analyse que pour *exceptée* de la phrase 8.

MOTS INVARIABLES : QUAND, PLUTÔT, etc.

DICTÉE.

1.   Je ne sais pas s'ils ont raison ;
       Mais *quant* à moi, qui ne suis bon
       Qu'à manger, ma perte est certaine.

2. *Plus tôt* nous serons venus à bout de ces difficultés, *plus tôt* nous serons délivrés des longues inquiétudes qu'elles nous ont déjà coûtées.

3. Que d'*avantages* n'offre pas à l'homme la pratique de la vertu ! certes, le monde, avec tous ses plaisirs, n'en saurait offrir *davantage*.

4. *Quand* on ne peut trouver son repos en soi-même, il ne faut pas le chercher ailleurs.

5. Que les Dieux me fassent périr *plutôt* que de souffrir que la mollesse s'empare de mon cœur !

6. Ils se sont hâtés tant et si bien que nous les avons vus arriver *plus tôt* que nous ne nous y étions attendus.

7. *Quoique* Dieu soit bon et toujours prêt à pardonner, gardons-nous d'abuser de sa patience.

8. Sans la langue, en un mot, l'auteur le plus divin,
Est toujours, *quoi qu'il* fasse, un méchant écrivain.

9. *Par ce que* nous avons fait pour vous, jugez de ce que nous pourrions faire encore, si votre conduite répondait à nos soins.

10. C'est *parce que* nous ne réfléchissons pas, que nous commettons tous les jours tant de fautes.

11. *Oh !* que la nature est sèche, qu'elle est aride quand elle est expliquée par des sophistes !

12. Holà ! ho ! descendez, que l'on ne vous le dise,
Jeune homme qui menez laquais à barbe grise.

13. *Hé bien ?* parleras-tu ? Ah ! tu me fais bouillir d'impatience.

14. *Eh bien,* il est parti, et peut-être ne devons-nous plus le revoir.

ANALYSE.

1. QUANT, adverbe. Il est terminé par un *t* parce qu'il ne marque pas le temps.

2. PLUS TÔT, locution adverbiale, modifiant *serons venus*. Il s'écrit en deux mots parce qu'il signifie *moins tard*.

PLUS TÔT (le 2e). Même analyse. Seulement il modifie *serons délivrés*.

3. D'AVANTAGES, pour *de avantages*, formant deux mots : la prép. *de* et le subst. *avantages*, qui est masc. plur., compl. dir. de *offre*.

DAVANTAGE, adverbe, modifiant *offrir*. Il signifie *plus*.

4. QUAND, conjonct., servant à lier les deux prop. dont se compose cette phrase. Il se termine par un *d* au lieu d'un *t*, parce qu'il marque le temps. (Voir la phrase 1.)

5. PLUTÔT, adverbe, modifiant *fassent périr*. Il s'écrit en un seul mot parce qu'il marque préférence.

6. PLUS TÔT, locution adverbiale, modifiant *arriver*. Il s'écrit en deux mots parce qu'il signifie *moins tard*.

7. QUOIQUE, conjonction servant à joindre les deux propositions dont cette phrase se compose. Il s'écrit en un seul mot parce qu'il ne veut pas dire *quelque chose que*, mais *bien que*.

8. QUOI QU'. pour *quoi que*, formant deux mots : 1° *quoi* pronom indéf., masc. sing., compl. de *malgré* sous-entendu ; 2° *que* pronom relatif

à *quoi*, masc. sing., compl. dir. de *fasse*. Cette expression veut dire *quelque chose que*.

9. PAR CE QUE, formant trois mots : 1° *par*, prép. ayant pour compl. *ce*, et pour antécédent *juges* ; 3° *que*, pronom relatif à *ce*, masc. sing., compl. dir. de *avons fait*. Cette expression signifie donc *par cela que*, ou *par la chose que*.

10. PARCE QUE, locution conjonctive servant à lier *nous ne réfléchissons pas* à *c'est*. Elle forme deux mots : 1° *parce* espèce d'adverbe qui n'est usité que dans cette locution ; 2° *que* conjonction. Cette expression veut dire *à cause que*.

11. OH ! interjection, ainsi écrite parce qu'elle marque la surprise.

12. HO ! interjection, ainsi écrite parce qu'elle sert à appeler.

13. HÉ BIEN ? locution interjective, ainsi écrite parce qu'on interroge.

14. EH BIEN ! locution interjective, ainsi écrite parce qu'il n'y a pas interrogation.

...IIONS, ...IIEZ, CRÉER, COURIR, SIED, etc.

DICTÉE.

1. La providence divine n'a pas besoin que nous la *justifiions*, ou que nous *essayions* de la défendre : c'est un soin dont elle s'est elle-même chargée.

2. *Apprends*, n'en *perds* jamais l'envie : l'instruction *sied* à tous, et la richesse n'*absout* pas l'ignorance.

3. La société des méchants nous *corrompt*; il faut que nous la *craignions* et que nous la *fuyions* avec le plus grand soin, comme nous *craignons* et *fuyons* la vipère et le serpent.

4. Le courage *supplée* au nombre, mais la peur *crée* des obstacles, et Dieu *agrée* et soutient les efforts de l'homme de cœur qui lutte contre l'adversité.

5. Quand le ciel t'a ouvert ses trésors, *imite*-le, et *partage* avec tes frères, afin que, s'il t'*envoie* des maux, tu *aies* quelqu'un qui t'aide à les supporter.

6. Ne vous étonnez pas que nous *déployions* tant d'activité : la chose en vaut la peine, si vous considérez tous les sacrifices qu'elle nous a déjà coûtés.

7. C'est dans le siècle de Louis XIV qu'ont *fleuri* les plus grands littérateurs que la France ait vus naître. Ceux qui *florissaient* sous Louis XV, prouvent, malgré l'excellence de leurs ouvrages, que la décadence avait déjà commencé.

8. Il faut que vous *veilliez* et que vous *priiez* sans cesse, dit le Seigneur, si vous ne voulez tomber dans les piéges de l'Esprit du mal.

9. Nous ne *mourrons* pas tout entiers; quelque chose survivra de ce qui compose notre être : c'est l'âme.

10. *Rappelle*-toi que tes prières ne seront *agréées* du ciel que quand elles seront dictées par le regret de tes fautes ou par la charité.

11. *Acquérons* des vertus plutôt que de la fortune : celui qui *acquerra* la sagesse, sera vraiment riche ; au lieu que celui qui *courra* après les richesses, reviendra pauvre et dénué de tout.

12. Le *travail* nous recommande à celui qui *travaille*, comme un *maintien* décent nous *maintient* dans l'estime des gens bien élevés.

ANALYSE.

1. JUSTIFIIONS, verbe act., au prés. du subj., 1re pers. du plur., ayant pour sujet *nous*. Il prend deux *i*, parce qu'il est formé, comme toute 1re pers. du pl. du prés. du subj., du partic. prés. (*justifiant*) par le changement de *ant* en *ions*.

ESSAYIONS. Même analyse. Ici, c'est *yi*, au lieu des deux *i* de *justi-fions*, parce qu'il y a un *y* dans le participe présent *essayant*.

2. APPRENDS, verbe act. employé neutralement, à l'impér., 2e pers. du sing., ayant pour sujet sous-entendu la personne à qui l'on parle, 4e conjug. Il prend un *d* avant *s* final, parce que l'infinitif est en *dre*.

REMARQUE. Sont exceptés cependant les verbes en *indre*, comme *plain-dre* et *joindre*, et en *soudre*, comme *résoudre*.

PERDS, verbe act., à l'impér., etc. (Même analyse.)

SIED, verbe neutre, au prés. de l'indic., 3e pers. du sing., 3e conjug. Il est seul (avec son composé *messied*) terminé par un *d* qui ne se trouve pas à l'infinitif.

ABSOUT, verbe act., etc. Il ne prend pas le *d* de l'infinitif, parce que c'est un verbe en *soudre* (voir la remarque ci-dessus).

3. CORROMPT, verbe actif, etc. Le *p* est pris dans l'infinitif *cor-rompre*.

CRAIGNIONS, verbe act., au prés. du subj., etc. Il est terminé par *ions* au lieu de l'être simplement par *ons*, parce que, comme prés. au subj., il est formé de *craignant* par le changement de *ant* en *ions*.

FUYIONS. Même analyse que pour *essayions* de la phrase 1.

CRAIGNONS, verbe act., au prés. de l'indic., etc. Il est terminé sim-plement par *ons*, parce que, comme prés. de l'indic., il est formé de *craignant* par le changement de *ant* en *ons*.

FUYONS. Même analyse.

4. SUPPLÉE, verbe neutre, au prés. de l'indic., 3e pers. du sing., ayant pour sujet *courage*, 1re conjug. Il est terminé par *e* (le 2e de sup-pléer) comme étant de la 1re conjug.

CRÉE, AGRÉE. Même analyse. Seulement, les sujets ne sont pas les mêmes.

5. IMITE, verbe act., à l'impér., 2e pers. du sing., 1re conjug. Il ne prend pas *s*, parce que, comme impér., il doit s'écrire comme à la 1re pers. du sing. du prés. de l'indic., et qu'il n'est pas suivi de l'un des pron. *y, en*.

PARTAGE. Même analyse. Seulement, il est neutre.

ENVOIE, verbe actif, etc. Il prend *i* et non *y*, parce que la prononciation ne fait entendre qu'un *i*, et que *y* en vaut deux après une voyelle.

AIES, verbe act., etc. Il prend *i* au lieu de *y* pour la même raison que *envoie*.

6. DÉPLOYIONS. Même analyse que pour ESSAYIONS de la phrase 1.

7. FLEURI, partic. passé, qui étant, etc. Il s'écrit *fleuri* et non *flori*, quoiqu'il soit au figuré, parce qu'il n'est ni partic. prés. ni imparfait d'indic.

FLORISSAIENT, verbe neutre, etc. Il s'écrit *florissaient* et non *fleurissaient*, parce qu'il est à l'imparfait de l'indicatif, au figuré.

8. VEILLIEZ, verbe neutre, etc. Il prend *i* après *ll*, étant, comme prés. de subjonct., formé de *veillant* par le changement de *ant* en *iez*.

PRIIEZ. Même analyse (*ant* de *priant* changé en *iez*).

9. MOURRONS, verbe neutre, etc. Il prend deux *r*, parce qu'il est au futur absolu (*mourrons* au lieu de *mourirons*, par la suppression de *i* entre les deux *r*. Même chose pour les verbes *courir*, *acquérir* et leurs composés).

10. RAPPELLE, verbe act., etc. La lettre *l* est redoublée, parce qu'elle est devant *e* muet. C'est une règle de lecture, comme pour la lettre *t* dans *jeter*, *rejeter*, etc. (*Rappele*, *jete* ne peuvent être lus *rappèle*, *jète* qu'autant qu'il y a ou un accent grave sur *e* pénultième, ou redoublement de la consonne *l*, *t*; mais *rappellons*, *jettons* font à la lecture *rappèlons*, *jètons*, au lieu de *rappelons*, *jetons*).

AGRÉÉES, partic. passé, etc. La lettre *e* muet qui précède *s* est la marque du fém., et les deux *é* qui la précèdent sont réclamés par la prononciation (*agré-é-es*).

11. ACQUÉRONS, verbe act., etc. Il ne prend pas deux *r*, parce qu'il n'est ni au futur absolu ni au conditionnel présent.

ACQUERRA. Même analyse que pour MOURRONS de la phrase 9.

COURRA. Même analyse.

12. TRAVAIL, nom comm., etc. Il se termine par *ail*, comme masc. sing.

TRAVAILLE, verbe neutre, etc. Il se termine par *aille*, comme 3ᵉ pers. du sing.

MAINTIEN, nom commun, etc. MAINTIENT, verbe act., à la 3ᵉ personne du sing.

EUPHONIES, ACCENTS, TRÉMA, CÉDILLE.

1ʳᵉ DICTÉE.

1. Que *demandé-je* aujourd'hui, mes enfants; que *demandais-je* hier; que *demandai-je* tous les jours de ma vie, si ce n'est votre bonheur?

2. Pourquoi la jeunesse *dissipe-t-elle* ainsi la vie, et ne *songe-*

t-elle pas un peu plus que tant de moments perdus le sont sans retour?

3. Toutes les fois, mes amis, qu'il s'agit d'une action grande et généreuse, moquez-vous du qu'en *dira-t-on*.

4.   *Va-t'en*, chétif insecte, excrément de la terre :
       C'est en ces mots que le lion
       Parlait un jour au moucheron.

5. *Eussé-je* la certitude de réussir, la raison me fait une loi de la circonspection et de la prudence.

6. Pourquoi, n'étant que l'égal de chacun de nous, vous arrogez-vous ainsi des droits et des *priviléges ?*

7. L'événement prouvera que la longueur de ce *siége* a eu des causes tout autres que celles qu'une extrême indulgence s'est plue *à* y voir.

8. Il faudrait que l'on n'*ouvrît* jamais aux jeunes gens d'autres carrières que celles *où* ils se sentent portés par leurs aptitudes et par leurs *goûts.*

9. *Fût*-il cent fois plus savant qu'il n'est, *réunît*-il toutes les connaissances accumulées par l'esprit humain depuis le commencement des *âges*, il lui resterait encore plus à apprendre qu'il n'*a déjà* appris.

10. Les *leçons* les plus simples sont toujours les meilleures pour les *commençants.*

ANALYSE.

1. DEMANDÉ-JE, pour *est-ce que je demande.* C'est une euphonie : il serait trop dur de dire *demande-je (demandé-je, demandes-tu*, etc.).

DEMANDAIS-JE, pour *est-ce que je demandais.* Le verbe est ici à l'imparfait *(demandais-je, demandais-tu*, etc.).

DEMANDAI-JE, pour *est-ce que je demandai.* Le verbe est au parfait défini *(demandai-je, demandas-tu*, etc.).

2. DISSIPE-T-ELLE, pour *dissipe-elle.* Le *t* placé entre *dissipe* et *elle* est appelé euphonique. Il n'appartient ni au verbe ni au pronom, et n'est ici demandé que par la seule euphonie.

SONGE-T-ELLE. Même observation.

3. DIRA-T-ON, subst. composé, pour *dira-on.* Même règle que pour *dissipe-t elle* et *songe-t-elle* de la phrase 2.

4. VA-T'EN, pour *va-te-en.* Il n'y a pas ici *t* euphonique, mais *t'* pour *te*, pronom pers., dont le plur. est *vous* dans *allez-vous-en.*

5. EUSSÉ-JE, pour *eusse-je,* prend un accent aigu par euphonie.

6. PRIVILÉGES, et non *priviléges*, parce que *e* devant *ge* se marque d'un accent aigu *(collége, manége*, etc.).

7. SIÉGE. Même règle.

A, préposition, ayant pour compl. l'infinitif *voir.* On lui donne l'accent grave pour le distinguer de *a* verbe.

8. OUVRÎT, verbe act., etc. Il prend un accent circonflexe sur *i*, parce qu'il est à l'imp. du subjonct. ; ce que l'on connaît mécaniquement en

le mettant à la première personne du pluriel (il faudrait que nous n'ouvrissions jamais, etc.).

Où, adverbe pronominal, modifiant *portés*. On lui donne l'accent
grave pour le distinguer de *ou*, conjonction.

Goût (*s* dans *déguster*).

9. Fût-il (au pluriel *fussions-nous*).

Réunît-il (au pluriel *réunissions-nous*).

Ages (pour *uages*).

A, verbe auxil., etc. Il ne prend pas d'accent parce qu'il est verbe.

Déjà. Le radical *jà* prend aussi l'accent, mais il n'est presque plus
usité.

10. Leçons, nom comm., etc. On met une cédille sous le *c* pour
l'adoucir devant *o*.

Commençants, nom comm., etc. On met une cédille sous le *c* pour
l'adoucir devant *a*.

EUPHONIES, ACCENTS, TRÉMA, CÉDILLE..

2e DICTÉE.

1. L'esprit le plus *mûr* n'est pas toujours *sûr* de ne pas errer
sur une multitude de points.

2. La rivière a *crû* d'une manière prodigieuse. Malgré les mesures que nous avons *dû* ou *cru* devoir prendre, la *crue* est devenue tellement *menaçante* que notre parti le plus *sûr* ou *plutôt notre* seul parti est de nous soustraire nous et les *nôtres* par
une prompte fuite à la violence des eaux.

3. A mesure qu'il *croît*, l'enfant éprouve un plus vif besoin
de *connaître* ; et cette avidité est telle qu'il *croit* sans examen
même les fables : comme l'animal affamé, qui se *repaît* de tout
ce qu'on lui donne en *pâture*.

4. L'égoïsme poussa *Caïn à* immoler un frère qui l'aimait ;
et *Saül*, à persécuter David, à qui il devait la couronne et la
vie.

5. Après une accusation vague et *ambiguë*, où ses ennemis
montrèrent la plus impudente perfidie, Socrate se vit condamné
à boire la *ciguë*.

6. Nous te *plaignîmes* toujours bien *plutôt* que nous ne te
haïmes ; tu le sais bien, et tu es un ingrat de t'*être tû* sur nos
sentiments, quand tu aurais *dû* et pu d'un seul mot nous justifier.

7.   *Puissé-je* de mes yeux y voir tomber la foudre,
      Voir ta gloire détruite et tes lauriers en poudre !

8.   *Coûtât-il* tout le sang qu'Hélène a fait répandre,
      Dussé-je après dix ans voir mon palais en cendre,
      Je ne balance point, je vole à son secours.

9.   *Voilà* comme on les traite. Hé, mon pauvre garçon,
      De ta défunte mère est-ce *là la leçon ?*

10. Il fallait qu'il se *tînt* pour dit que ma parole était donnée, et que je ne changerais pas.

ANALYSE.

1. MÛR, adj., etc. On met un accent circonflexe sur *u* pour distinguer *mûr*, adjectif, de *mur* nom comm.

SÛR, adj., etc. Accent circonfl. sur *u* pour distinguer ce mot de la prép. *sur*. L'accent se conserve sur les analogues *sûre, sûreté, sûrement.*

SUR, préposition.

2. CRÛ, partic. passé, qui, etc. Accent circonfl. sur *u* pour distinguer ce partic., venant du verbe *croître,* du partic. passé *cru,* venant du verbe *croire,* et de l'adj. *cru.*

DÛ, partic. passé, qui, etc. Accent circonfl. sur *u* pour distinguer ce partic. masc. sing. de l'article *du.* Au fém. et au plur., il ne prend pas l'accent.

CRU, partic. passé, qui, etc. Pas d'accent, parce qu'il vient du verbe *croire.*

CRÛE, nom comm., Accent circonfl. sur *u* pour le distinguer de *crue,* partic. de *croire* ou adj.

MENAÇANTE, adj. verbal, etc. Cédille sous le *c* pour l'adoucir devant *a.*

SÛR, adj., etc.

PLUTÔT prend l'accent circonfl. comme *tôt* dont il est composé. Les autres mots en *ôt* sont (outre les composés de *tôt*) *entrepôt, dépôt, impôt, suppôt, rôt.*

NOTRE ne prend pas l'accent circonflexe, parce qu'il est adjectif possessif.

NÔTRES prend l'accent circonfl., parce qu'il est pronom possessif. ce que l'on connaît à la présence de l'article.

3. CROÎT prend un accent circonfl., parce qu'il vient de l'infin. *croître* (s dans *croissance*).

CONNAÎTRE (verbe en *aître*).

CROIT ne prend pas l'accent, parce que c'est le verbe *croire.*

MÊME (pénultième longue).

REPAÎT (verbe en *aître*).

PATURE (paître).

4. EGOÏSME (égo-isme).

CAÏN (Ca-in).

SAÜL (Sa-ul).

5. AMBIGUE (ambigu-e).

CIGU-E (cigu-e).

6. PLAIGNÎMES prend un accent circonfl. sur *i* pénultième, parce qu'il est au passé défini (*âmes, îmes, ûmes, inmes ; âtes, îtes, ûtes, entes*).

PLUTÔT (tôt).

HAÏMES ne prend pas l'accent circonfl., bien qu'au passé défini, parce que la prononciation le force à garder le tréma, et que l'on ne met pas deux signes orthographiques sur la même lettre. (*Haîmes* se prononcerait *haî-mes*).

ÊTRE (tu es, il est).

TÛ, partic. passé, qui, etc. On met un accent circonfl. sur *u* pour distinguer ce participe du pronom personnel *tu*.

DÛ, partic., etc. On lui donne l'accent circonfl. pour le distinguer de l'article *du*.

7. PUISSÉ-JE (pour *puisse-je*).

8. COÛTÂT-IL (coûtassions-nous).

DUSSÉ-JE (dusse-je).

9. VOILA prend un accent grave pour n'être pas confondu avec le verbe *voila*.

LA, adverbe. On met un accent grave sur *a* pour distinguer *là*, adverbe, de *la*, article et pronom.

LA, article, etc. Pas d'accent.

LEÇON (cédille sous le *c* pour l'adoucir devant *o*).

10. TÎNT, verbe act., etc. Accent circonfl. sur *i*, parce que le verbe est à l'imp. du subj. (Il fallait que nous nous *tinssions* pour dit, etc.)

APOSTROPHE, TIRET ET TRAIT DE SÉPARATION.

DICTÉE.

1. *Lorsqu'*un homme vous a donné des preuves irrécusables d'une sincère amitié, *gardez-lui* la vôtre, *quelque* inconstant et léger *qu'*on vous le dise; *allât-on* même *jusqu'à* l'accuser de perfidie, vous vous devez à *vous-même* de ne vous rendre *qu'à l'évidence* : que *serait-ce* donc que la vie, *s'il* fallait *s'environner* toujours de défiance et de soupçon?

2.
  Jusques à quand, trompeuse idole,
  D'un culte honteux et frivole
  Honorera-t-on tes autels?

3. *Jusqu'à* ce que l'on *m'ait* démontré que l'*action qu'*on me conseille, est juste et honnête; *jusqu'à* ce *qu'il m'ait* été bien prouvé que personne *n'aura* à en souffrir; oui, *jusque-là* je *m'en* abstiendrai, *quelque* avantage *qu'elle* me présente.

4. Les *grands-papas* et les *grand'mamans* sont bien autrement faibles pour leurs *petits-fils* et leurs *petites filles* que les *petits-papas* et les *petites-mamans elles-mêmes*.

5. Ne *perdît-il*, chaque soirée, comme *aujourd'hui*, que *vingt-cinq* francs, *il* aurait tôt englouti ce qui lui reste de fortune, *c'est-à-dire*, quelque *deux cent-cinquante mille* francs.

6. *Puisqu'*il est certain *qu'aujourd'hui l'on* ne peut se passer

d'instruction, est-il un homme qui voulût rester.ignorant ? D'un autre côté, *puisque* avec *quelque* application, on est assuré *d'arriver* à la science, en *est-il* un seul qui ne consentît à acheter à ce prix la fortune et la considération ?

7.   Debout ! dit l'Avarice, il est temps de marcher.—
      Hé, laissez-moi.—Debout ! —Un moment !—Tu répliques ?—
      A peine le soleil fait ouvrir les boutiques. —
      N'importe, lève-toi.

ANALYSE.

1. LORSQU' prend l'apostrophe, parce qu'il est suivi de *un*.

GARDEZ-LUI prend un trait d'union, parce que le pronom pers. *lui* suit le verbe comme complément.

QUELQUE ne prend pas d'apostrophe, parce qu'il n'est pas devant un des mots *un, une, autre*.

QU' prend l'apostrophe, parce que le mot suivant commence par une voyelle.

ALLAT-ON prend un trait d'union, parce que le pronom *on* suit le verbe comme sujet.

JUSQU' prend l'apostrophe comme placé avant *à*.

VOUS-MÊME prend un trait d'union comme pronom composé.

QU'A (que à).

L'ÉVIDENCE (la évidence).

SERAIT-CE prend un trait d'union, parce que le pronom *ce* suit le verbe comme sujet.

S'IL (si il).

S'ENVIRONNER (se environner).

2. JUSQUES prend *s* final pour faire éviter une cacophonie (jusqu'à quand).

HONORERA-T-ON prend deux traits d'union pour isoler le *t* euphonique, lequel n'appartient ni au verbe qui précède, ni à *on* qui suit.

3. JUSQU' prend l'apostrophe comme placé devant *à*.

L'ON prend une apostrophe comme composé de l'article euphonique *l* et de *on*.

REMARQUE. *L'* devant *on* n'est pas une simple lettre euphonique, comme on peut le voir.

M'AIT (me ait).

L'ACTION (la action).

QU'ON (que on).

JUSQU' (devant *à*).

QU'IL (que il).

N'AURA (ne aura).

JUSQUE-LA prend un trait d'union comme adverbe composé ; et l'on écrit *jusque*, au lieu de *jusqu'*, ou de *jusques*, parce que c'est devant une consonne.

M'EN (me en).

QUELQUE ne prend pas l'apostrophe, parce qu'il n'est pas devant un des mots *un, une, autre*.

Qu'elle (que elle).

4. Grands-papas prend un trait d'union comme nom composé.

Grand'mamans prend une apostrophe pour remplacer es de grandes, parce que c'est dans un nom composé (voir la Grammaire).

Petits-fils, petites-filles, petits-papas, petites-mamans, prennent le trait d'union, parce que ce sont des noms composés.

Elles-mêmes. Trait d'union, parce que c'est un pronom composé.

5. Perdît-il. Trait d'union, parce que le pronom pers. il suit le verbe comme sujet.

Aujourd'hui (aujour de hui).

Vingt-cinq. Trait d'union comme signe d'addition entre deux quantités.

Qu'il (que il).

C'est-a-dire. Traits d'union, parce que c'est une expression adverbiale composée.

Deux cent-cinquante mille. Trait d'union seulement entre cent et cinquante, parce qu'il n'y a addition que là.

6. Puisqu' prend l'apostrophe comme suivi de il.

Qu'aujourd'hui (que aujour de hui).

L'on (le on).

D'instruction (de instruction).

Est-il prend un trait d'union, parce que le pronom pers. il suit le verbe comme sujet.

Puisque ne prend pas l'apostrophe, parce qu'il n'est pas suivi d'un des mots il, elle, on, un, une.

Quelque ne prend pas l'apostrophe, parce qu'il n'est pas suivi de un, une, autre.

D'arriver (de arriver).

7. Dans ce dialogue entre l'Avarice et la Paresse, les traits de séparation indiquent autant de changements d'interlocuteur.

Observations sur les autres difficultés grammaticales, et sur la ponctuation.

Les autres difficultés que présente l'étude de la grammaire, comme la formation du féminin et du pluriel dans certains cas (beau, belle; doux, douce; roi, reine; principal, principaux; œil, yeux, etc.); la formation et l'emploi des modes et des temps des verbes; l'emploi des auxiliaires, etc., etc., appartiennent plutôt à l'orthologie qu'à l'orthographe. Celui, par exemple, qui dirait des coups fataux pour des coups fatals, ferait une faute, non d'orthographe, mais de langage.

Nous ferons de ces sortes de difficultés la matière de nouveaux exercices qui paraîtront incessamment.

Quant à la ponctuation, le maître devra tenir de bonne heure à l'application de la règle générale (voir ma Grammaire), en dictant : d'abord des phrases détachées, qui sont toujours plus faciles à ponctuer ; puis les dictées en texte suivi qui viennent après ces exercices.

SECONDE PARTIE.

Dictées en texte suivi.

1.

LE PRIX DU TEMPS.

User le temps, c'est user la vie; car d'après une vieille et sage maxime, que plus d'une fois sans doute vous avez *entendu* proclamer, le temps est l'étoffe dont la vie est *faite*. Une chose *tout* aussi vraie, c'est qu'il est le trésor de l'étude et la source de *toute* science. Un philosophe de l'antiquité *se* plaignait qu'une si longue vie ait été *accordée* aux corneilles, qui n'en ont que faire, lorsque les hommes n'en ont *reçu* qu'une si courte, eux à qui la plus longue existence *eût* à peine *suffi* pour *toutes* les choses qui *leur* sont *données* à apprendre. Cependant, *quelque* justes que fussent *ses* plaintes, *quelques* légitimes regrets que d'autres, après lui, aient *fait* entendre sur la brièveté de l'existence humaine, il est certain que, si nous *employions* bien le peu de moments que la nature nous a *accordés*, il y aurait peu de sciences, du moins essentielles, qu'il ne nous *fût donné* d'acquérir. Mais de *ces* précieux moments, combien peu sont bien *employés* par la plupart des hommes, et par ceux *même* à qui la prétendue insuffisance de la vie a *arraché* le plus de plaintes! Et *nous-mêmes*, combien n'en avons-nous pas déjà *perdu*, sans que nous nous en soyons *doutés*, sur le peu de jours que nous avons *vécu*

2.

LA FAMINE SUR UN VAISSEAU.

Les flots *mugissants* étaient *tombés* : on *n*'entendait plus les sifflements aigus des vents *soufflant* avec violence, ni les craquements des mâts *retentissant* avec fracas dans *leur* chute ; on ne voyait plus devant soi les abîmes *béants, tout* prêts à vous engloutir ; mais à *ces* dangers en avaient *succédé* de bien plus graves, de bien plus *menaçants*. La faim aux traits hideux et *repoussants*, l'horrible faim, *enveloppant* le navire comme d'un réseau de mort, *s*'était *abattue* sur notre malheureux équipage, et y exerçait des ravages *tels* qu'il ne peut être *donné* à une bouche humaine de les décrire ou de les raconter. Non, vous n'assisterez jamais à des spectacles aussi *navrants* que celui que nous avons *eu* alors sous les yeux. La plupart des matelots étaient là *gisants*, *pêle-mêle confondus* avec les passagers. Les uns, déjà *mourants*, et ne *tenant* plus à la vie que par un vain souffle, ressemblaient plus à des spectres ou à des cadavres qu'à des êtres *vivant* encore. D'autres, d'une complexion plus forte, *voyant* devant eux la perspective, et sous *leurs* yeux le spectacle des maux *auxquels* ils étaient *destinés*, s'abandonnaient à *toute* la fureur du désespoir. On les voyait *errant* çà et là sur le navire, *poussant* des cris *déchirants* et *blasphémant* Dieu ; ou bien, à genoux et *tremblants*, *étendant* leurs bras vers le ciel, et demandant à Dieu de les délivrer de *leurs* maux. *Telle* était notre situation quand nous fûmes *secourus*.

5.

LES JUIFS.

Les Juifs ont *été*, de *tous* les peuples, celui que Dieu a le plus *favorisé*. *C*'est au point que, malgré le peu de conquêtes qu'a *fait* cette nation, il est douteux que les Grecs et les Romains *même* l'aient *égalée* en célébrité, de *quelques* hauts faits qu'ils se glorifient, et· *toutes* nombreuses et brillantes qu'ont pu être *leurs* victoires. Peuple véritablement *privilégié*, les Juifs se sont *vu* guider *dès* l'orgine par la main de Dieu *même*. Par combien de merveilles ne les *a-t-il* pas *fait* passer pendant la pérégrination de quarante ans qu'ils ont *eue* à subir dans le désert! Combien aussi n'en *a-t-il* pas *opéré* quand il a *fallu* les tirer de la servitude humiliante *où* ils *s*'étaient *vu* réduire par *leurs* ennemis, *toutes* les fois qu'*oubliant* le Créateur, et *bravant* sa colère, ils s'étaient *laissés* aller à l'idolâtrie ! Alors, *quelque* indignes qu'ils *se* fussent *montrés* de la miséricorde divine, dont ils n'avaient pas *craint* de *se* jouer, cette miséricorde ne *leur* a point *fait* défaut, et toujours la délivrance *leur* est *arrivée plus tôt même* qu'ils ne l'avaient *espéré*, lorsqu'ils *se* sont *adressés* à Dieu du fond de *leurs* cœurs. Le Seigneur, alors, *touché* des maux que *leur* avait *attirés* leur prévarication, les en a aussitôt *délivrés*; et le salut et la paix sont *devenus* la récompense de leur retour à sa sainte loi.

4.

PARIS.

La ville de *Paris* est une des plus belles, sinon des plus grandes villes qui aient *existé*. Je ne parle pas ici des sciences et des arts qu'elle a *portés* au plus haut point de perfection *où* jamais ils *se* soient *vu* élever, et dont les innombrables *chefs-d'œuvre* l'ont *rendue* la plus *étonnante* peut-être de *toutes* les merveilles que l'intelligence et le goût ont, comme à l'*envi, accumulées* dans *ses* murs. Les événements qui *s'y* sont *accomplis*, et qui, dans *tous* les temps, ont *influé* si directement sur les destinées de l'*Europe;* la gloire qu'ont *fait* jaillir, non-seulement sur elle, mais encore sur la *France,* et quelquefois sur l'humanité *tout* entière, les grands hommes qu'elle a *vus* naître; la beauté incomparable et le nombre prodigieux de *ses* monuments, *dus* aux plus grands génies qu'il y ait *eu*; sa position *même* dans un des sites les plus *charmants* et sur un des plus beaux fleuves du monde : tout a *contribué* à faire de cette ville un des séjours les plus admirables et les plus délicieux qui *se* soient *vus*, une des cités les plus importantes qui jamais aient *piqué* la curiosité du voyageur. Que *Londres,* sa rivale, l'ait jusqu'ici *emporté* sur elle par l'étendue, le commerce et la population, *c'est* toujours à *Paris* qu'a *été due* et *accordée* la préférence, et les *Anglais mêmes* ne la lui ont jamais sérieusement *contestée*.

5.

INCENDIE D'UN CAMP.

Nous avons *pénétré* dans les retranchements ennemis avec une audace et une vigueur *auxquelles* ils ne *s'*étaient pas *attendus*. Tranquilles, et *se reposant* sur *quelques* vagues précautions que le général avait *prises*, et que *même* ils croyaient inutiles à cause du peu de forces qu'ils nous avaient *supposé*, ils *s'*étaient *tous*, chefs, soldats et sentinelles *même*, *abandonnés* à un paisible sommeil. *Quels* n'ont pas *été leur* surprise et *leur* effroi, quand, *se réveillant* en sursaut, ils *se* sont *trouvés environnés* d'ennemis ! *Quant* à nous, lorsque, au milieu du désordre dont a *été suivie* notre irruption subite, nous les avons *vus*, *tremblants*, chercher en vain *leurs* armes, et *s'*embarrasser les uns les autres, nous nous sommes *hâtés* de mettre le feu au camp. Aussitôt, avec plus de rapidité que nous ne l'avions *espéré*, la flamme *s'*est *élevée* en *pétillant*, et *élancée* en immenses tourbillons *jusqu'*aux nues. En un instant, les tentes ont *paru tout* en feu. *Telle* se montre à l'œil *effrayé* une plaine qu'ont *envahie* les eaux d'un torrent, lorsque, *grossies* par les pluies *ou* par les neiges, elles *se* sont *précipitées* de la montagne, *entraînant* avec elles les moissons, les étables et les troupeaux. La flamme, *poussée* par le vent, vole de pavillon en pavillon, et bientôt *tout* le camp n'est plus que comme une vieille forêt qu'un incendie dévore : une étincelle a *suffi* pour *tout* embraser.

6.

RÉCONCILIATION.

La malheureuse querelle qui *s'était élevée* si mal à propos entre nos deux amis était réellement plus grave qu'on ne l'avait *cru* d'abord. *Quelque* futiles qu'en fussent les causes, elle avait *empiré*, et *fini* par prendre plus d'animosité qu'eux-mêmes ne l'avaient *prévu*, et que ne l'avaient *espéré* leurs communs ennemis. Nous apprenons avec une véritable joie que cette haine, *tout* invétérée qu'elle semblait être *devenue*, a *commencé à se* calmer, et que, sauf *quelques* nuages dont l'horizon est encore *obscurci*, grâce aux *quelques* concessions que l'on s'est *faites* réciproquement, elle aura bientôt complétement *cessé* et *disparu*. Que de grâces ne sont pas *dues* aux personnes *obligeantes* qui, *tremblant* pour eux des suites fâcheuses que *tout* cela pouvait avoir, n'ont pas *hésité à se* jeter au milieu d'eux, au risque de *s'en* voir *repoussées ! Quant* à nous, *quel que fût* notre désir de voir *réconciliés* enfin *ces* deux hommes si bien *faits* pour s'entendre, et qu'une déplorable erreur avait seule *rendus* ennemis, la distance ne nous a pas *permis* de *leur* rendre en cette occasion *tous* les services que nous aurions *voulu*. Nous nous sommes *vus bornés* à de stériles vœux en *leur* faveur. Mais cette sympathie du moins ne *leur* a pas *manqué;* et Dieu sait de *quelles* alarmes nous nous sommes *sentis agités*, et que d'inquiétudes nous sont *venues* assaillir pendant *tout* le temps que cette malheureuse dispute a *duré*.

7.

LITTÉRATURE.

De *tous* les beaux-arts, *quelque* utiles qu'on les suppose, *quelques* charmes qu'ils nous présentent, et *quels qu'*en soient le prestige et l'illusion, il n'en est point qui ne le cède à la littérature. Prenez pour exemple la statuaire, que l'on a *vue* enfanter tant de merveilles; ou la peinture, qui en a *produit davantage* encore : *est-il* une pose, une situation qu'elles aient *rendue* et que la littérature *se soit montrée* incapable de rendre? Bien au contraire, vous vous serez certainement *aperçus* que la statuaire, *obligée* de prendre la nature sur le fait, *s'est vue forcée* de ne donner à *ses* produits qu'à peine une *demi-existence*, la vie du moment; et que la peinture, elle aussi, *tout* animée qu'elle paraît par l'emploi des couleurs, *s'est vu* mesurer avec une extrême parcimonie l'espace et le mouvement. La littérature, au contraire, *s'est ouvert* une carrière véritablement sans limites. Pour elle, il n'y a *eu jusqu'*ici d'autres bornes que celles de l'imagination *elle-même*, qui n'en a jamais *connu*. Elle a *marché* librement, sans *s'être* jamais *vu* arrêter par aucun des obstacles qui *se sont présentés* si nombreux sur les pas de *ses* sœurs. Que *ce* soit une bataille qu'elle ait *eue* à décrire, une action généreuse qu'il lui ait *fallu* exposer à vos yeux, ou *toute* autre description que vous lui ayez *demandée, est-il* un détail, une circonstance qu'elle vous ait *refusée*, une émotion qu'elle ne vous ait pas *fait* partager?

———

8.

LA CALIFORNIE.

Une espèce de manie *s'est emparée* des *Européens*, *lorsque* est *arrivée* des extrémités de l'*Amérique* septentrionale la nouvelle qu'il y avait *été découvert* des mines d'or. On les disait plus considérables que jamais on *n'*en avait *trouvé* dans *aucun* temps, et dans *aucune* partie du monde. Alors, *ébloui* par l'espoir d'une fortune prompte et facile, et ne *tenant aucun* compte des *mille* dangers *auxquels* ils allaient *se* voir *exposés*, une foule d'aventuriers *se* sont *fait* porter dans *ces* contrées lointaines, *où* gît l'objet de tant d'ambitions. Mais que sont *devenues* à *leur* arrivée les brillantes promesses par *lesquelles* ils *s'*étaient *laissé* séduire? Elles n'ont pas *tardé* à *s'*évanouir; et la seule chose qui en soit *restée*, *c'*est que, *là-bas* comme ici, la plus solide richesse qu'il y ait encore *eu*, *c'*est le travail. La terre qu'il *leur* a *fallu* fouiller, les eaux *où* ils *se* sont *vus forcés* de chercher le précieux métal, ne *se* sont pas *laissé* dépouiller sans résistance de *leurs* trésors. En définitive, *quelque* grands que l'on dise encore les avantages de cette exploitation, et *quelque* sûr que l'on *se* croie de *s'*y enrichir, il est *quelque* chose de plus *sûr*, parce que l'expérience l'a *confirmé*, *c'*est que le peu de matière aurifère que l'on a *recueillie* ne peut compenser qu'à *grand'peine* les fatigues de *toute* nature et les sacrifices de *tout* genre que *ce* travail a *coûtés*.

———————

9.

L'IMPRIMERIE.

Si l'imprimerie n'est pas la plus utile, *c'*est du moins une des plus utiles découvertes qu'ait *faites* le génie de l'homme. Que *d'avantages* n'*a-t-elle* pas *procurés* à la société; et *est-il* une invention, *quelque* admirable qu'elle soit, à laquelle la civilisation ait *dû davantage?* Par elle, il a *été donné* à la pensée humaine, qui *jusqu'*alors *s'*était *vue contrainte* et *emprisonnée*, de prendre l'essor vers les régions de l'intelligence pour *lesquelles* Dieu l'a *créée; par* elle, les *chefs-d'œuvre* qu'a *produits* et qu'est *appelé* à produire encore l'esprit de l'homme, sont désormais *sûrs* de survivre à la destruction, et aux ravages de la barbarie ; par elle, la barbarie *elle-même*, avec son hideux cortége d'ignorance, de superstitions et de cruautés, *se* trouve à jamais *bannie* de la terre ; par elle, la misère, qui a *semblé jusqu'*ici le triste apanage de la plus nombreuse partie de l'humanité, aura bientôt *disparu* du milieu des hommes ; par elle enfin, le droit et la justice finiront par être *substitués* à la force brutale ; et l'on pourrait *dès* à présent prédire qu'avant qu'un long temps *se* soit *écoulé*, aux haines stupides par *lesquelles* étaient *divisés* les peuples, auront *succédé* l'union, le commerce et l'intérêt, qui, *quoi qu'*on en dise, et *quelques* justes reproches qu'on lui ait *jusqu'*ici *adressés*, n'est cependant ni aussi *dégradant* que la servitude, ni aussi odieux que la *tyrannie*.

10.

L'ORTHOGRAPHE.

L'orthographe est sans contredit une des plus utiles connaissances qu'il y ait jamais *eu*, celle qu'il est le moins *permis* d'ignorer, enfin celle qui est comme le cachet de l'instruction qu'on a *reçue*. En effet, jamais une personne, *quelques* nombreuses marques d'intelligence qu'elle ait *données*, n'a *passé* pour véritablement *instruite* si, dans les paroles qu'on a *entendues* sortir de sa bouche, ou dans le peu d'écrits qu'on a *lus* d'elle, il *s'est glissé quelque* faute qui ait *trahi* son ignorance de l'orthographe. Et *c'est* une opinion *toute* simple et *tout* ordinaire, celui qui n'a pu apprendre cette science, ne pouvant en avoir *appris* une autre : car elle est une des plus faciles qui nous soient *données* à étudier ; et, certainement, *ses* principes, *quelque* nombreux et difficiles qu'ils *puissent* être, ne sont ni plus nombreux ni plus difficiles que ceux de *toute* autre connaissance, *quelle* qu'elle soit. Travaillons, et les obstacles, *tout* grands qu'ils paraissent, auront bientôt *cessé* de nous sembler insurmontables ; étudions, et avant peu, ils auront complètement *disparu*. *Tels* ont toujours *été* les heureux fruits qu'a *produits* un travail opiniâtre. Voyez l'abeille *voltigeant* de *fleur* en *fleur*, et *butinant* avec une si admirable persévérance : *ce* n'est que peu à peu, mais *c'est* constamment qu'elle apporte dans sa ruche la dépouille *embaumée* des végétaux, qu'avec un travail et une adresse *infinis*, elle convertit en un suc si *précieux*.

11.

LYON.

La ville de *Lyon* est une des plus remarquables que j'*aie vues*. Sa population, qui a beaucoup *varié* selon les temps plus ou moins orageux qu'elle a *eus* à traverser, a cependant toujours *été* assez considérable, et elle s'élève aujourd'hui au-dessus de *cent-quatre-vingt-dix mille* habitants. *C*'est pourquoi elle *s'est vu* classer depuis longtemps comme la seconde ville de *France;* car celles de *Marseille* et de *Bordeaux* ne comptent : la première que *cent-cinquante mille*, la seconde que *quatre-vingt-dix-neuf mille* âmes. Le commerce et l'industrie *se* sont *développés* à *Lyon* d'une manière extraordinaire. *Tous* les genres de fabrication *s'y* sont *donné rendez-vous* comme à *Paris;* mais c'est surtout par *ses* soiries que cette ville est *devenue* véritablement importante. Sous ce rapport, elle l'a toujours *emporté* sur *toutes* celles qui ont *essayé* de lui disputer la prééminence. Chose singulière : les contrées *mêmes* d'où la soie est originaire, et que l'on a *vues* se livrer les premières à ce genre d'industrie, viennent demander à cette ville les étoffes admirables qu'il lui est *donné* à elle seule de produire ; ces riches et fins tissus dont marchent *couverts* les princes et les monarques de l'Orient, c'est à *Lyon* qu'ils les ont *envoyé* acheter à grands frais : *forcés* ainsi d'avouer *vaincus* leurs concitoyens dans une industrie où ils avaient si longtemps *excellé*.

12.

L'AMÉRIQUE.

L'*Amérique*, longue d'environ *trois mille-deux cents* lieues, est *formée* de deux péninsules triangulaires, dont l'une, au nord, a *quinze cent-cinquante* lieues de longueur, sur une largeur de *treize cent-cinquante*; et l'autre, *seize cent-cinquante* de long sur *onze cents* de large environ.

Cette partie du monde est longtemps *restée* inconnue aux *Européens*. C'est l'an *mil-quatre cent-quatre-vingt-douze* que *Christophe Colomb*, qui en avait *soupçonné* l'existence, est *parvenu* à la découvrir. Mais que de dégoûts il lui a *fallu* supporter, que d'épreuves il a *eues* à subir, avant que son entreprise *se* soit *vue approuvée* et *soutenue!* La persuasion *où* il était que des vaisseaux *naviguant* vers l'Occident, devaient rencontrer des terres, a *été* d'abord *traitée* de folie : semblable en cela à presque *toutes* les conceptions hardies *ou* généreuses que le génie *ou* le cœur de l'homme *a jetées* dans le monde, et qui, tôt ou tard, ont *fini* par triompher. *Quelque intéressés* que fussent à cette découverte les princes *auxquels* il *s'était adressé*, à peine sa demande *a-t-elle été écoutée;* et quand l'*Espagne* y a *consenti*, elle ne lui a *fourni* que des moyens insuffisants : en sorte que si l'*Europe* s'est *vu* mettre en possession d'une si riche proie, elle l'a *dû* plus à la constance et à l'habileté qu'a *déployées Colomb*, qu'aux encouragements et à la coopération qu'elle lui a *prêtés*.

15.

L'HIVER.

Les autans *se* sont *déchaînés*, et, *soufflant* avec furie, ont *dépouillé* la nature de *tous* les ornements dont elle s'était *montrée* si fière. *Tombées* une à une, les feuilles ont *séché* et *jauni* sur la terre, qu'elles ont *jonchée* de *leurs* débris. Déjà, *tourbillonnant* sur les ailes de l'aquilon *glacé*, la neige a *commencé* à se disperser en flocons légers, *flottant* au milieu des airs. Les branches des arbres apparaissent *hérissées* par le givre de cristaux *étincelants ;* les herbes ont *disparu* sous les frimas, et les eaux du torrent rapide se sont *vues enchaînées* et *suspendues* par un froid subit. Les oiseaux ont *fui, désertant leurs* bosquets naguère si *riants*, et *cherchant* loin de nos contrées des climats plus doux. Les seuls animaux sauvages, *sortant, poussés* par la faim, des antres profonds *où* l'homme les avait *forcés* de chercher un refuge, *se* montrent, *errant* autour des bergeries, et *rôdant, jusque* sous le regard de l'homme, près de *ses* habitations, pour y chercher *leur* proie. Triste saison, *où* les malheureux, après *s'*être *vu* enlever peu-à-peu par le manque de travail le peu de ressources qu'ils *s'*étaient *amassées* dans des temps meilleurs, sont *réduits* à tendre, en *suppliants*, à la pitié publique ces mains par *lesquelles* eux et leurs familles *s'*étaient *vus* jusqu'alors *entretenus* et *nourris !*

14.

ROME.

Rome a *étonné* le monde par la valeur qu'on l'a *vue* déployer, moins encore que par *ses* autres vertus. *Quelques* nombreux ennemis qu'elle ait *eus* à combattre ; *quelque* redoutables qu'aient *été* les adversaires contre *lesquels* elle a *eu* à lutter, soit pour sa liberté, soit pour sa gloire ; *quelle qu'ait été*, en plus d'une occasion, la détresse *où* elle *s'est vue réduite*, jamais elle ne *s'est laissée* aller au découragement, jamais on ne l'a *vue* désespérer du succès, et elle n'a *cessé* de *s*'en rendre digne par sa magnanimité et sa constance. Que d'exemples admirables et sublimes ne nous a pas *laissés* ce peuple fameux ! Les *Romains* ne *se* sont pas *montrés* seulement des hommes, mais des héros, des *demi-dieux. Pyrrhus*, après en avoir *triomphé* dans une bataille mémorable, *où* son armée victorieuse *s'était vue forcée* d'admirer leur *sang-froid* et leur bravoure, mit au-dessus de *tous* les avantages sur *lesquels* il avait *compté* en *envahissant* l'*Italie*, la gloire de conclure un traité d'alliance avec cette nation généreuse. Quand son ambassadeur *Cinéas* revint lui apprendre que *toutes ses* tentatives à *ce* sujet avaient *échoué*, le *Prince* lui demanda *ce* que lui avait *semblé Rome* : Elle m'a *paru* un temple, répondit-il, et son sénat une assemblée de rois.

15.

LOUIS XIV.

De *quelques* grands rois que *se* glorifie l'*Europe, quelles que* soient les belles actions qu'elle *leur* attribue, *tout* étonnante enfin et *toute* glorieuse qu'est *restée leur* renommée, il est hors de doute que la gloire de *Louis XIV,* dans les temps modernes, ne *s'était pas* encore *vu* et peut-être ne *se* serait jamais *vu* surpasser ni même atteindre, si n'était *venue* briller au-dessus de *toutes* les gloires celle de Napoléon. Cela est vrai de *ce* roi fameux, soit que l'on considère *ses* faits d'armes *brillants*, *étonnant* tout à la fois et *effrayant* l'*Europe*, qui *se* demandait *tout* interdite et *toute* stupéfaite si jamais le monde en avait *vu* d'aussi extraordinaires ; soit que l'attention *se* porte sur *ces mille* et une institutions dont la France s'est *vu* doter par lui, et qui l'ont *fait* briller au-dedans, comme au-dehors l'ont *immortalisée ses* victoires. On a *dit*, il est vrai, que les hommes de son époque ont plus que *lui-même contribué* à cette grandeur inouïe ; mais du moins *est-il* juste d'avouer que *ces* grands hommes, *c'est* lui qui les a *fait* surgir par les encouragements qu'il n'a *cessé* de *leur* prodiguer. Heureux le prince de ne les avoir pas *laissés* languir *ignorés* dans *leurs* retraites ; heureux *eux-mêmes* d'avoir *pu* par lui, et sous *ses* regards intelligents, consacrer au bien de la patrie le peu de lumières que l'étude *leur* avait *données*.

16.

LES SITES FRANÇAIS.

Vous qui prétendez aimer la seule nature, et ne vouloir étudier qu'elle dans vos voyages, pourquoi vous
êtes-vous plus jusqu'ici à ne la rechercher que dans les
contrées lointaines, lorsque, *tout* près de vous, et pour
ainsi dire à vos portes, vous l'auriez *vue* étaler plus de
sublimes merveilles que jamais *tous* les pays ensemble
n'en ont *offert?* Allez visiter les *Alpes* françaises. *Là,*
vous trouverez des beautés que vainement vous auriez
espéré de rencontrer ailleurs. Nous qui avons *parcouru*
tant de pays ; nous qui, comme tant d'autres, nous *étant
laissé* guider par le préjugé plus que par la raison, nous
étions *imaginé* que la *Suisse* est le *nec plus ultra* des
voyages, avec quelle promptitude nous nous sommes *vu*
détromper! Oui, *quelque* remarquables que soient les
sites qui *se* sont *présentés* à nos yeux dans la pittoresque
Helvétie, quelques beautés, *quelques* magnifiques hor-
reurs qu'elle ait *étalées* à nos regards, *quelles que* nous
aient *semblé* la richesse de *ses* vallées et la majesté de *ses*
montagnes, je dois le dire, *tout* le cède dans mon esprit
aux *riantes* et fécondes vallées de nos *Alpes;* oui, *quelques* sentiments que m'ait *fait* éprouver ailleurs le spectacle d'une nature grandiose et sublime, je n'en ai
jamais *connu* de plus vifs et plus *enivrants* que l'*impo-
sant* aspect des monts de *Chartreuse* et du mont *Ventoux.*

17.

MARSEILLE.

La position de *Marseille* en a *fait* une des cités les plus *commerçantes* de la *France*. Cette ville *s'est* toujours *fait* remarquer par la prodigieuse activité qu'on l'a *vue* déployer. Son port, un des plus beaux qui aient *été creusés* sur les côtes de France, peut contenir jusqu'à *douze cents* vaisseaux. *Là* se *voient* à *toute* heure du jour une multitude d'hommes actifs et affairés, *allant, venant, courant, se croisant* dans *tous* les sens et *toutes* les directions; mais surtout d'ouvriers et de manœuvres de *toute* sorte, *portant, roulant, traînant* des fardeaux, pour charger *ou* décharger les navires.

En l'année *mil-sept cent-vingt*, cette cité *s'est vu* ravager par une peste des plus cruelles qui *se* soient jamais *conservées* dans la mémoire des hommes. Que de ravages n'a pas *causés* alors *ce* terrible fléau! jamais on *n'en* avait *vu* d'aussi horribles, d'aussi irréparables. Mais aussi, par combien d'actes héroïques *se* sont *fait* remarquer alors *ses* généreux administrateurs! *Quels que* fussent les dangers, *tout* certains qu'étaient ces hommes sublimes d'être victimes de *leur* dévoûment, on ne les a pas *vus* cesser un seul instant de prodiguer aux malades les consolations et les soins, et à la ville les mesures d'assainissement *jugées* capables d'éloigner le fléau. Aussi *leur* mémoire a *passé* à la postérité; et les noms des *Belzunce*, des *Roze*, des *Estelle*, des *Moustier* sont aussi immortels que ceux des *César* et des *Napoléon*.

18.

L'AFRIQUE.

Quelque vagues et incertaines que soient les notions
historiques, ou *plutôt* mythologiques, qu'on a *pu* recueillir sur les temps *reculés où se* sont *fondés* les anciens
empires, une chose paraît cependant hors de doute,
c'est que l'*Afrique, ou* du moins l'*Égypte,* a *été* une des
premières, sinon la première nation *où* la civilisation ait
pénétré; et que *c'*est de là que, *gagnant* de proche en
proche, elle a *passé* chez les autres peuples, et, en particulier, chez les *Grecs.* Mais combien sa destinée a *changé*
depuis! Les arts et les sciences *auxquels* elle avait si
brillamment *initié* les autres, elle les a *laissés s'*éteindre
dans son propre sein; et, *tombée* à son tour dans la
barbarie, elle y est *restée,* sans même avoir *fait* aucun
généreux effort pour en sortir. Aujourd'hui elle est
courbée sous le joug musulman, après avoir *servi* sous
une foule de peuples *conquérants* qui *s'*y sont *succédé :*
comme si, autre *Prométhée,* elle était *condamnée* à rester
enchaînée à jamais, pour avoir *répandu* la lumière parmi
les hommes.

La partie centrale de l'*Afrique* était autrefois complétement *ignorée,* et n'est encore de nos jours que très
imparfaitement *connue, quelques* nombreuses tentatives
que l'on ait *faites* pour l'explorer. *Peut-être* la conquête
que les *Français* ont *faite* de l'*Algérie est-elle* le moyen
que la *Providence s'*était *réservé* pour rendre cette vaste
péninsule accessible au reste du monde. En effet, les
explorations devront être plus *sûres* en *partant* d'un
point stable, que lorsqu'elles étaient *confiées* à des ex-
péditions maritimes, nécessairement peu *suivies* et souvent *interrompues,*

19.

LE COURAGE FRANÇAIS.

Les exploits que nous avons *entendu* raconter des *Grecs* et des *Romains* ne sont rien, *comparés* à ceux dont les *Français* ont *rempli* les pages glorieuses de notre histoire. *Quelle* nation y *a-t-il eu* jamais qui ait *égalé*, soit par le nombre, soit par la bravoure, les guerriers illustres dont nous avons *eu* à nous glorifier? Combien, parmi ces héros *devenus* si justement célèbres, n'en *a-t-on* pas *vu* que la perspective d'une mort certaine non-seulement n'a pas *retenus* d'affronter le danger, mais même a *poussés*, *quelle que fût* l'imminence du péril, à *se* précipiter partout *où* les *appelait* le salut *ou* la gloire de la patrie? On parle des *trois cents Spartiates*, *combattant* et *expirant* pour la liberté de la *Grèce;* on parle des *trois cent-six Fabius*, *se dévouant* corps et biens à la défense de *Rome :* que *sont-ils* auprès de nos *Français*, *affrontant* la mort avec l'ardeur que mettent les autres à conserver *leur* vie ; de nos *Français*, qui, *nu-pieds*, à *demi vêtus* et à peine *armés*, ont *triomphé* de *toutes* les nations contre *lesquelles* ils ont *eu* à combattre, *quels qu'en* aient *été* le nombre et la puissance? Oui, *quels que* soient les titres des anciens à une renommée glorieuse, *quelque méritées* que soient les louanges que *leur* a *décernées* la postérité, la *France* guerrière a *effacé leur gloire*, et *annulé* par *ses* triomphes *leurs* triomphes si fameux.

20.

LES JEUNES GENS.

J'ai toujours *trouvé* dans les jeunes gens, *quelque légers* et frivoles qu'on les ait *dits*, *quelque* chose que je n'ai *rencontré* que dans cet âge, et qui me les a *fait* aimer. *Peut-être est-ce leur* légèreté et *leur* frivolité *même*. On est *sûr* que, dans *leurs* déterminations, *quelles qu*'elles soient, ils n'obéissent jamais, comme le fait l'homme *mûr*, à de froids calculs, à d'égoïstes combinaisons, mais à une impulsion *toute* naturelle, qui est celle de *leur* cœur. *Toute* autre cause serait impuissante à produire chez eux *aucun* de *ces* actes de dévoûment que tant de fois on les a *vus* accomplir, sans que jamais ils en aient *supputé ou* l'intérêt *ou* le désavantage. *Quelques* peines, en effet, et *quelques* grands sacrifices que *leur ait coûtés ou* le salut d'un ami, *ou même* celui d'un malheureux qui *leur* était étranger, en *a-t-on vu* hésiter un seul instant, et marchander *leur vie*, quand il *s'est agi* de la risquer *ou* même de la perdre au service de l'infortune? Ah! pourquoi faut-il que, lorsque *quelques* années encore auront *succédé* à celles qu'ils ont *vécu*, ils soient comme *condamnés* à ne plus écouter les nobles instincts par *lesquels jusqu'*à ce jour *leur* jeunesse *s'est laissé* conduire? Jeunes gens, croyez-moi, au risque d'être *quelque* jour *réputés* moins sages que d'autres avec *lesquels* vous aurez *vieilli*, *quelque chargés* d'ans que vous puissiez être, restez jeunes par le cœur, et continuez à être généreux et bons, comme la nature vous a *faits*.

21.

LA COLÈRE.

Entre autres choses singulières par *lesquelles* les *Spar-tiates se* sont *fait* remarquer, nous trouvons la méthode, en apparence bizarre, qu'ils avaient *imaginé* d'employer pour préserver *leurs* enfants de l'ivrognerie. *Ce* moyen consistait à faire paraître devant eux des esclaves qu'ils avaient *forcés* de *s'enivrer*. *C'est* ainsi qu'étaient *inculqués* aux *tout* jeunes *Lacédémoniens* le dégoût et l'horreur de *ce* vice *dégradant;* et *l'on* ne voit pas qu'il y en ait *eu* parmi eux qui, après de tels exemples, *se* soient *laissés* aller à *ce* genre d'excès, et *exposés* à perdre, en *se livrant* à l'intempérance, le respect d'*eux-mêmes* et l'estime de *leurs* concitoyens. Ne vous *semble-t-il* pas que le *même* remède *pourrait* être employé avec la *même* efficacité contre la colère et l'emportement? Certes, de *tous* les spectacles dont il m'est *arrivé* d'être témoin, j'en ai peu *vu* d'aussi pénibles, d'aussi *repoussants* que celui d'un homme irrité. *Ses* yeux sont *tout* en feu et comme *injectés* de sang ; *ses* traits *contractés, ses* nerfs *crispés,* sa poitrine *haletante, ses* membres *agités* et *tremblants,* sa bouche *écumante, ses* dents qui claquent, *tout* fait fuir à son aspect ennemis et amis *même. Est-ce* bien *là* un homme? *est-ce* bien *là* cette image que Dieu a *voulu* donner de *lui-même,* et qu'il a *créée* pour être sur la terre comme un rayon de sa douceur et de sa bonté? Non, c'est moins que la *brute elle-même ;* car *celle-ci,* du moins, conserve *jusque* dans l'exercice de sa rage le peu d'intelligence que la nature lui a *donnée.*

22.

EYLAU.

La bataille d'*Eylau*, une des plus *acharnées* qu'il y ait *eu* sous l'*Empire*, *s'*est *livrée* le sept février *mil-huit cent-sept*. Jamais *peut-être* nos armées n'en avaient *engagé* de plus meurtrière. Les *Russes* et les *Prussiens*, qui, *cédant* aux suggestions de l'*Angleterre*, avaient *réuni* contre nous près de *deux cent mille* hommes, *s'y* sont *vu* écraser après des efforts inouïs, et une résistance telle que rarement l'histoire en a *rapporté* de plus héroïque. Autant d'ardeur nous avions *montrée* à les attaquer, autant ils en ont *mis* à repousser nos attaques. Aussi, après une lutte terrible, qui avait *duré* près d'une journée et *demie*, le champ de bataille a *offert* un des plus affreux spectacles que l'humanité ait jamais *eus* à déplorer. *Représentez-vous* des flots de sang *ruisselant* de *tous* côtés; des milliers de morts *gisant* sur la place *même où* ils avaient combattu *vivants;* les blessés, hommes et chevaux, *faisant* retentir l'air de *mille* cris *effrayants;* et *ces* débris *vivant* à peine, *s'agitant* parmi les cadavres, les armes et la neige fondue par le sang : ô *Dieu, faut-il* que la gloire soit *payée* si *cher !* Quand nous l'avons *acquise* à *ce* prix, *vaut-elle* bien les sacrifices qu'elle nous a *coûtés?* Non, sans doute. Eh bien ! *quelque* haut que parlent de *tels* faits à la raison des hommes, il est malheureusement certain qu'on les verra toujours, comme toujours on les a *vus*, courir après cette chimère cruelle, qu'ils *se* sont *plus* à représenter *planant*, le glaive à la main, et *toute dégouttante* de sang, au-dessus de débris *fumants* et de cadavres *entassés*.

25.

L'ÉTÉ.

Deux mois et *demi* à peine ont *fui* derrière nous depuis que la nature *renaissant* a *secoué* les frimas sous *lesquels* le froid hiver l'avait comme *ensevelie*. Avec *quel* plaisir nous l'avons *vue* reprendre une vie nouvelle! Avec *quelle* joie, *chaque* jour, nous l'avons *vue se* développer et *s'*embellir! Les campagnes *se* sont *couvertes* d'épis déjà presque *jaunissants*, et jamais tant de fleurs n'avaient *charmé* nos yeux. La terre en est *tout* entière *jonchée*, elles naissent innombrables sous les pas. Aimables fleurs des vergers et des prairies, plus jolies *mille* fois et plus douces que *toutes* celles que nous avons *vues* étaler *leur* orgueil dans nos parterres, vous m'avez toujours *paru* les plus gracieux emblèmes de la beauté et de l'innocence, comme de la modestie et de la douceur. Vos parfums suaves, jour et nuit *exhalés* vers le ciel, sont *un* hymne *incessant* à la gloire de celui qui vous a *créées*. Toujours vous serez mes amours les plus *chères*, ou *plutôt mon seul* et *unique* amour.

Cependant cette saison n'est pas *tout* agréments et délices. Que de fois la chaleur, *devenue* intolérable, ne nous *a-t-elle* pas *fait* regretter les rigueurs *mêmes* de l'hiver? Heureux alors ceux qui peuvent rafraîchir à la douce haleine des zéphirs *leurs* membres *tout ruisselants* de sueur, ou éteindre dans une eau limpide les feux dont ils *se* sont *sentis brûlés* pendant plus de la moitié du jour!

24.

ÉDUCATION ET INSTRUCTION.

Quels que soient les soins que nous a toujours *paru* mériter l'instruction des jeunes gens, *quelques* nombreux avantages que *leur* promette l'étude des sciences pour occuper les places qui *leur* seront un jour *données* à remplir, *c*'est surtout de l'éducation que doivent *se* montrer *préoccupées* les personnes qui, par goût *ou* par calcul, *se* sont *vouées* à l'enseignement. *Quant* à nous, quand nous avons *débuté* dans cette difficile carrière, l'instruction et l'éducation nous ont *semblé tout* d'abord assez distinctes pour que l'on *pût* les faire marcher à part ; mais à mesure que nous avons *avancé*, le peu d'expérience que nous avions *acquise*, a *suffi* pour nous faire comprendre par *quelle* erreur nous nous étions *laissé* abuser. Dès lors, nous ne les avons plus *séparées* ni dans la pratique ni dans la théorie *même ;* et nous n'avons *eu* qu'à nous féliciter des résultats que nous en avons *obtenus*. Nos collègues en auraient *obtenu* comme nous certainement, s'ils *s*'étaient *laissés* aller à essayer de cette méthode. Il n'y a pas à en douter, si, *tout* en *façonnant* les esprits de *leurs* élèves, ils s'étaient *appliqués* avec le *même* zèle à développer dans *leurs* cœurs les germes de vertu qu'y a *déposés* la nature, combien l'étude des sciences *mêmes* y aurait *gagné*, et avec *quelle* usure ils *se* seraient *vu* payer des peines qu'un tel enseignement *leur* aurait *coûtées !*

25.

CATACLYSMES.

Les cataclysmes nombreux par *lesquels* la terre s'est *vu* éprouver à diverses époques, sont *attestés* par les alluvions sans nombre que l'on a *trouvées* éparses sur les différents points de sa surface. Partout *se* voient *accumulées* des dépouilles marines, monuments incontestés de *ces* bouleversements par lesquels *s'est* à de longs intervalles *renouvelé* le globe. Il est vrai que les époques *où* ils *se* sont *opérés*, et les causes qui les ont *produits*, sont *restées* à l'état de problèmes ; mais les résultats qu'ils ont *amenés*, depuis longtemps *jugés* par la science, ne permettent plus le doute, *tout* prodigieux, *tout* incroyables qu'ils paraissent.

Ainsi, nous sommes à peu près *forcés* de croire qu'à différentes époques notre planète *s'est vu* envahir par les eaux, qui ont *séjourné* dans *ses* différentes parties assez longtemps pour que *se* soient *formées* les pétrifications que nous voyons aujourd'hui, ainsi que les dépôts de sédiments marins qu'il y a *eu* sur *toute* la face du globe. Il est pareillement à croire que les montagnes sont *dues* à *ces* envahissements successifs ; et qu'après *s'être vu* former lentement par des *courants* sous-marins, elles ont *surgi* peu-à-peu, les eaux *s'écoulant*, et, à mesure qu'elles *s'éloignaient*, *laissant* à nu les parties qu'elles avaient *submergées*.

26.

L'EUROPE.

Quelque petite que paraisse l'*Europe* sur une map-pemonde, comparativement aux autres parties de notre globe, elle en est certainement la plus importante par le degré de civilisation *où* l'a *fait* parvenir le génie de *ses* habitants. En effet, depuis la fin du *Moyen-Age, c'est-à-dire,* depuis que, définitivement *subjuguée* par le sabre ottoman, l'*Asie* a *cessé* d'être l'asile et le foyer des arts et des sciences, *c'*est l'*Europe* qu'elle a *faite* héritière de son auréole brillante et de son glorieux *privilége*; et c'est de *là*, surtout de la *France*, que, depuis lors, ont *jailli* sans interruption *ces mille* et *mille* éclairs, *auxquels* les autres parties du monde ont *dû* de pouvoir sortir en-fin de la barbarie *où* elles avaient *vécu plongées.* Car c'est par elle que l'*Amérique, toute* sauvage encore, *s'*est *vu* mettre en communication avec les peuples occidentaux, dont, *jusque-là* elle n'avait pas *même* soupçonné l'exis-tence, comme *eux-mêmes* ne s'étaient pas *doutés* de la sienne. *C'*est par elle qu'à diverses époques ont *pénétré* en *Égypte*, et *jusque* sur les côtes barbaresques, *ces* germes précieux de civilisation que, plus tard, on a *vus* porter de si heureux fruits, sans compter ceux que, dans un temps très *rapproché,* ils sont *destinés* à porter encore. Enfin, ne *peut-on* pas dire que l'*Asie* elle-même s'est déjà presque *payée* par les connaissances qu'elle a *reçues* de nous, de *toutes* celles que nous lui avons autrefois *empruntées*? Et dans *cet* échange des produits intellectuels, *tout* est profit pour *tous :* que sont en effet les sacrifices que sa noble mission a *coûtés* à l'*Europe*, auprès des avantages qu'elle lui a *valus*?

27.

LA GRÈCE.

De toutes les nations que nous avons *entendu* célébrer pour la gloire militaire qu'elles ont *acquise*, et surtout pour les sciences et les arts qu'elles ont *cultivés*, il en est peu qui aient, autant que la *Grèce*, *mérité* la réputation qu'elles *se* sont *faite*, et l'admiration qu'on *leur* a *accordée*. *Voyez-la* depuis son origine, vers l'an *deux mil-cent-vingt-cinq*, *jusqu'*à sa ruine : jamais elle n'a *cessé* de croître en gloire et en renommée. Sans parler des temps héroïques, *où ses* hauts faits peuvent être *dits* faux, *ou* du moins *exagérés*, ne l'*a-t-on* pas *vue* triompher à *Marathon* de *trois cent mille Perses*, avec *onze mille guerriers* seulement ? Et dix ans plus tard, lorsqu'elle s'est *vu* attaquer par *Xerxès,* ne l'*a-t-elle* pas pareillement *vaincu* avec le peu de forces qu'elle lui a *opposées*, *quel que fût* le nombre des troupes et des vaisseaux ennemis ? *Préférez-vous* la voir, sous *Alexandre-le-Grand*, *luttant*, au sein même de l'empire des *Perses*, avec *quelque trente mille* hommes, contre des *millions* de soldats toujours *renaissants* ? Il n'est pas *jusqu'*aux dernières heures qu'elle a *vécu*, qui n'aient *brillé* du plus vif éclat ; et si elle a *succombé*, *c'*est qu'il n'y a pas de gloire, *quelque éclatante* qu'elle puisse être, qui ait jamais *fait* trouver grâce devant l'impitoyable loi du destin.

28.

LE PRINTEMPS.

De *quelques* nombreux attraits que la nature *se* soit *plue* à revêtir chacune des saisons, *c*'est le printemps qu'elle semble *s*'être *appliquée* surtout à embellir. On dirait qu'elle *s*'est *épuisée elle-même* de *tous ses* trésors afin de l'en parer. *Tout s*'y trouve *réuni* pour charmer et notre âme et nos sens. *Quel* spectacle pour nos yeux que cette nature, naguère *dormante* et comme *morte* dans un linceul de neige et de glace, maintenant *revenant* à la vie, que *dis-je, vivante* et *animée, étalant* aux regards *ses* ornements les plus riches et les plus *brillants!* Entendez *ces* oiseaux, aux plumages non moins *éclatants* que *variés*, les uns *gazouillant* doucement dans le bocage, d'autres *portant* dans les airs *leurs* voix *retentissantes* ; et l'alouette *tournoyant* en spirale pour s'élever *jusqu*'aux nues, d'*où* vous la voyez, *quelques* moments après, *tombant* comme une pierre *tout* près de sa couvée *chérie*. *Quant* aux parfums qui charment l'odorat, en *avons-nous* jamais *respiré* comme ceux de *ce* frais vallon, aux bords de cette eau *murmurante* et limpide, parmi les herbes *naissantes*, et les fleurs *s'épanouissant* de *toutes* parts? O vous, riches citadins, *auxquels* il est *donné*, comme à l'hirondelle voyageuse, de changer de climat au gré de vos besoins *ou* de vos plaisirs, quittez au *plus tôt* vos splendides demeures, et venez jouir ici des *pures* délices que la nature a *réservées* à ses admirateurs.

29.

A NOS ÉLÈVES.

Quels que soient les efforts que nous vous avons *vus* faire *jusqu'*ici, *quelque* bien *disposés* que nous vous ayons toujours *trouvés* pour le travail, *quelques* nombreux succès qu'il vous soit *arrivé* d'obtenir, il vous reste encore bien des efforts à faire, plus *peut-être* que vous n'en avez *fait jusqu'*à *ce* jour; car vous avez plus de difficultés à vaincre que vous n'en avez déjà *surmonté*. Courage donc ! ne souffrez pas qu'il soit *dit* que vous avez *reculé* devant la fatigue et la peine. *Quant* à nous, nous avons la confiance, ou *plutôt* la certitude que, *quels que* soient les dégoûts et les ennuis que l'étude présente, vous en sortirez *triomphants*, à la grande joie de vos parents et de vos maîtres, qui vous *ayant lancés* et *guidés* dans la carrière, vous y ont constamment *poussés* de *leurs* efforts et *accompagnés* de *leurs* vœux. Oui, nous sommes *persuadés* que, *tels* vous nous avez *paru jusqu'ici, tels* et meilleurs encore, si *c'*est possible, nous vous verrons dans la suite. Et *c'*est ainsi que *se* réaliseront les espérances qu'ont *mises* en vous vos familles et vos amis; *c'*est ainsi qu'en *travaillant* à devenir des hommes utiles, vous vous mettrez en état d'acquitter envers vos semblables la dette que votre nature d'hommes vous a *fait* contracter.

30.

ENCORE LE COURAGE FRANÇAIS.

Sans doute les *Annibal*, les *César* et les *Alexandre* ont été *regardés* avec raison comme de grands et fameux capitaines ; sans doute on les a *vus* briller d'une véritable gloire, et ils *se* sont *illustrés* par un génie et une valeur étonnante, *au-delà peut-être* de *ce* que l'histoire *s'est plu* à nous raconter. Mais, *quel qu'ait été leur* génie, *quoi que* les historiens nous aient *rapporté* de *leur* valeur, *peuvent-ils* être *comparés* à nos *Annibals*, à nos *Césars*, à nos *Alexandres* modernes, tels que les *Charlemagne*, les *Condé*, et surtout les *Napoléon ?* Que de faits dignes d'être à jamais *admirés* nous ont *laissés* les premiers ! mais que d'actions incroyables et *tenant* du prodige les autres ont *offertes* à l'admiration des hommes ! *Ceux-là* se sont *fait* remarquer par des actes glorieux, il est vrai, mais *ceux-ci* en ont *fait* de sublimes et presque divins. *Déjà* l'histoire en a *consigné* un grand nombre dans *ses* annales immortelles ; *déjà* les *cent* bouches de la *Renommée* ont *retenti* de notre gloire : que *sera-ce* lorsque, *cette* génération *s'éteignant*, ceux qui nous auront *succédé*, verront se produire, *tout palpitants* d'intérêt et *éblouissants* de mille traits nouveaux, des mémoires encore *ignorés*, et *tout* pleins des récits *surprenants* de nos innombrables exploits ?

31.

DÉCEPTION.

*C'*est avec une profonde douleur que nous les avions *vus* partir, *espérant* à peine les revoir, et *tremblant* qu'au lieu de *ces* trésors qu'ils avaient *espéré* recueillir, ils ne trouvassent que déception et misère. Enfin, après quatre années et *demie* d'une attente pleine d'anxiété, nous les avons *vus* revenir, mais dans une situation peu s'en faut aussi déplorable que nous l'avions *prévu*. *Dénués* de *tout, nu-pieds*, à peine *couverts* de *quelques* misérables haillons, ils portaient sur *leurs* figures hâves et amaigries la trace des longues souffrances qu'ils avaient *eues* à endurer. Ils nous ont *raconté* les tristes épreuves par *lesquelles* ils ont *passé*, et les privations de *tout* genre qu'il *leur* a *fallu* subir, sur une terre inhospitalière, *où tous* les jours, *toutes* les heures qui *s'é-*taient *succédé* pendant un si long temps, n'avaient *cessé* d'ajouter à *leurs* infortunes. *Oh!* pourquoi *s'étaient-ils laissés* aller à *cette* folle envie des richesses? Pourquoi *s'étaient-ils* sottement *imaginé* qu'il faut au bonheur les trésors et la fortune? Le peu de biens qu'ils avaient *hérités* de *leurs* familles, ne *leur auraient-ils* pas *suffi* pour le peu de besoins réels que la nature nous a *donnés* à satisfaire? Enfin, les *voilà devenus* sans doute plus sages; mais que de maux et de regrets cette leçon de l'expérience *leur* aura *coûtés!*

52.

JEANNE D'ARC.

*Jeanne d'Arc s'*était *présentée* au sire de *Vaucouleurs* comme l'*envoyée* du ciel pour la délivrance du royaume, de la plus grande partie *duquel s'*étaient *déjà emparés* les *Anglais. Toutes* les promesses qu'elle avait *faites, tous* les prodiges qu'elle avait *annoncés,* furent *réalisés au-delà même* de l'espérance qu'on en avait *conçue. Orléans* et le centre de la *France délivrés,* le moral de nos troupes *relevé* et *porté jusqu'*à l'enthousiasme, le roi *Charles VII sacré à Reims : tels* furent, au milieu d'obstacles et de difficultés aussi grandes que nombreuses, les premiers exploits par *lesquels* l'héroïne rendit à nos soldats la confiance et la victoire, qui depuis si longtemps les avaient *abandonnés.* A peine la cérémonie du sacre *est-elle* terminée que *Jeanne, quoiqu'elle regardât* sa mission comme *finie,* part pour de nouveaux dangers et de nouveaux triomphes. *Quelque* nombreux que *se* montrent les ennemis, *quelques* fortes murailles qu'ils lui opposent, *quelles que soient* l'habileté et la bravoure des généraux qui les commandent, la sainte a *paru, tout* a *fui* en désordre, et *ces* adversaires innombrables *se* sont *évanouis.* On voit clairement que le ciel, comme *elle-même* l'avait *dit,* l'a *faite* l'instrument de *ses* desseins sur la *France.* On le voit mieux encore lorsque, *tombée* aux mains d'un ennemi barbare, elle expie sur un bûcher le crime d'avoir *été choisie* de *Dieu* pour une mission sainte : la patrie était *sauvée,* et *Dieu* rappelait à lui son *envoyée,* dont le bras était désormais inutile à la *France.*

35.

LONDRES.

Londres est une des plus anciennes cités que l'on ait *vues* en *Europe*. *Dès* le temps des *Romains*, *c'était* une ville *déjà connue* pour son industrie, qu'elle a toujours *due* autant à sa position avantageuse qu'à l'activité de *ses* habitants. Mais aujourd'hui elle a *atteint* le plus haut point de prospérité et de puissance *auquel* il soit *donné* à une ville de monter. Elle passe pour avoir *un million-huit cent mille* âmes, pendant que *Paris* n'en a guère que *neuf cent mille ;* et son seul port renferme *quatre mille-neuf cents* navires, *jaugeant huit cent-soixante-seize mille-quatre cents* tonneaux, tandis que le tonnage de la *France tout* entière n'excède pas *cinq cent-quatre-vingt-dix mille.*

Mais si l'on considère cette cité sous le rapport des sciences et des arts, *ces* véritables *pierres-de-touche* de la civilisation et du progrès, *quels que* soient *ses* efforts et *ses* productions en *ce* genre, combien *n'est-elle* pas *laissée* en arrière par la capitale de la *France !* Le peu de monuments *mêmes* que vous y avez *vus*, vous *ont-ils paru* avoir *ce* cachet artistique, *ce* type du beau que vous avez *remarqué* dans ceux de *Paris,* de cette nouvelle *Athènes,* que *tous,* les *Anglais même, se* sont toujours *glorifiés* d'avoir *vue,* et *où* sont *venus* tant de fois *déjà,* comme jadis dans la ville de *Minerve, s'*inspirer l'intelligence et le génie?

54.

LA VÉRITABLE GRANDEUR.

La vraie force a toujours *consisté* à *se* maîtriser *soi-même*. *Quelque* puissants qu'on les ait *dits*, les hommes qui *se* sont *laissé* dominer par *leurs* passions, n'ont pas *été* véritablement grands. Mais ceux qu'on a *vus* étouffer *leurs* ressentiments ; ceux qui n'ont pas *hésité* à sacrifier *leurs* intérêts, *quels qu'*ils fussent, à un sentiment généreux ; ceux qui, loin de *s'être laissé* abattre par les événements et les disgrâces, ont résisté à *leurs* coups, et en ont *triomphé* par la constance et par la vertu : *ceux-là* seuls ont *été jugés* grands et forts, dans *quelque* condition que la fortune les ait *fait* naître, et *quelle qu'*ait *été* l'obscurité *ou* l'éclat de leur vie. *Dites-le-moi*, la renommée de *César*, ou celle d'*Alexandre* (pour ne citer que deux de tant de héros qui *se* sont *disputé* l'admiration des hommes) *aurait-elle passé* moins *brillante* à la postérité, si, au lieu de *s'être laissés* aller quelquefois à des passions indignes de l'homme, ils n'eussent jamais *obéi* qu'aux nobles impulsions de la gloire *ou* de l'honneur ? Oui, mes héros, à moi, *ce* sont les hommes qui *se* sont *commandé* à *eux-mêmes* ; ceux qui ont *oublié* et *pardonné* ; ceux qu'en *toute* occasion on a *vus* se sacrifier pour les autres. Mes héros, *ce* sont *ces* guerriers et *ces* rois qui jamais n'ont *livré* une bataille que lorsque la défense commune l'a *réclamé*, jamais *détruit* une ville que quand il l'a impérieusement *fallu*, jamais *fait* couler ni le sang ni les larmes *même* que pour le bien de l'*État* et le salut des citoyens.

35.

SAGESSE DE LA NATURE.

Il n'y a pas de plantes, *quelque* inutiles qu'elles paraissent, dans *lesquelles* la *Divinité* ne se soit *plue* à mettre *quelques* rapports avec les besoins qu'elle nous a *donnés* à satisfaire, et qui ne servent *soit* à notre nourriture, *soit* à nos vêtements, *soit* à notre plaisir. Une remarque qui n'a *cessé* d'être *faite*, c'est que le blé dont les produits ont *servi* de *tout* temps à l'alimentation de l'homme, ne croît pas sur des végétaux de grande taille, mais naît de simples graminées. Il est probable que si le soin et la *sûreté* de nos récoltes nous eussent *été confiés* à *nous-mêmes*, nous n'eussions pas *manqué* de les placer sur de grands arbres; car nous nous serions *imaginé* qu'elles en seraient plus belles et plus *sûres*. Mais en cela, aussi bien qu'en *quoi que ce* soit, il y a lieu d'admirer la prévoyance divine, et de nous défier de la *nôtre :* si nos moissons avaient *été destinées* à croître sur les arbres des forêts, lorsque *celles-ci se* seraient *vu* détruire par la guerre, ou renverser par les vents, ou ravager par les inondations, que de siècles *n'eût-il* pas *fallu* avant de les avoir *vues* renaître dans un pays ! Reconnaissons que, dans les œuvres, *quelque* petites qu'elles soient, qui sont *sorties* des mains du *Créateur*, il y a plus de sagesse que les hommes n'en ont *mis* dans ceux de *leurs* ouvrages qu'ils ont emphatiquement *appelés* des *chefs-d'œuvre*.

(Tiré de Bern.-de-Saint-Pierre).

56.

LA PRUSSE.

La *Prusse*, que le siècle dernier a *vue s'*élever à l'état de grande puissance, était *restée jusqu'*alors dans une obscurité profonde. *Connue* anciennement sous le nom de *Prueza*, cette contrée, alors si *éloignée* de comprendre *tous* les pays dont elle *s'*est *accrue* depuis, et qui en ont *fait* un empire du premier ordre, fut d'abord *subjuguée* en partie par les *Danois*, puis *soumise* entièrement par les *Chevaliers Teutoniques*, vers la fin du treizième siècle. *S'étant revoltés* au quinzième, les *Prussiens* réduisirent à l'état de simples sujets *ces* chevaliers *conquérants*, qui, *s'étant laissés* aller à l'injustice et à la cruauté, n'avaient pas *tardé* à *s'*aliéner les cœurs, et à perdre la supériorité que *leurs* talents militaires *leur* avaient *value*. Aussi, l'an *mil-cinq cent-vingt-cinq*, le peu d'autorité qu'ils avaient *conservée, étant tombée tout-à-fait, Albert* de *Brandebourg* se fit reconnaître duc héréditaire de la *Prusse*, qui, en *mil-six cent-dix-huit, s'*est *vu* déclarer souveraineté indépendante ; et, en *mil-sept cent, quelques* longs efforts qu'*eût faits* le reste de l'*Europe* pour *s'*opposer à *ses* succès, grâce à la valeur, et encore plus à la rare habileté que son chef avait *déployée* dans cette longue lutte, elle *s'*est *élevée* au rang de monarchie, dans la personne de *Frédéric-le-Grand*, un des rois les plus célèbres qu'il y ait jamais *eu*.

57.

L'AMOUR DE LA VIE.

De *quelques* malheurs que l'existence ait toujours *paru remplie,* à *quelques* rares exceptions près, les hommes y ont toujours *tenu;* toujours ils *s'*y sont *attachés* de *toutes leurs* forces, comme si elle était pour eux *tout* joie et *tout* bonheur. J'en prends *à témoin* les plus malheureux, ceux *même* qui ont toujours *manqué* de *tout,* ceux que la *Providence* semble avoir *déshérités* de *toute* jouissance *ici-bas : s'*en est-il *trouvé* un bien grand nombre qui *se* soient *vu* frapper sans regret, quand la mort est *venue* mettre un terme à *leurs* souffrances? *S'*en est-il *trouvé* un bien grand nombre qui, *tout* heureuse que *devait* leur paraître la cessation d'une vie *toute* de malheur, n'aient *fait* entendre des plaintes amères sur la nécessité de payer le tribut au trépas? Tant il est vrai que, *tout* infortunés que nous sommes, et *quelque exposés* que nous puissions être à mille et un *malheurs,* à mille et un *accidents* de *toute* nature, nous aimons cependant mieux vivre que mourir; et que, si le ciel, au moment suprême, voulait ajouter aux jours que nous avons *vécu,* nous lui saurions gré des heures, des moments qu'il aurait *consenti* à nous accorder, y *eût-il* mis pour condition plus de misères encore que nous n'en avons déjà *éprouvé.*

58.

LES BONS ROIS DANS LES CHAMPS-ÉLYSÉES.

Les rois qui, pendant les jours qu'ils ont *vécu* sur la terre, n'ont *cessé* de travailler au bien de *leurs* peuples, goûtent après leur mort, dans les demeures fortunées que *leur* ont *préparées* les *Dieux*, plus de félicité qu'il n'en est *accordé* à ceux des autres hommes qui ont *aimé* et *pratiqué* la vertu. Ils sont dans des bocages odoriférants, sur des gazons toujours *renaissants* et *fleuris*. *Mille* ruisseaux, *coulant* avec un doux murmure, arrosent ces lieux *charmants;* et un nombre infini d'oiseaux, *brillant* des plus vives couleurs, y font entendre les chants les plus harmonieux. On y voit ensemble les douces fleurs du printemps *naissant* sous les pas, et les plus riches fruits de l'automne *pendant* aux arbres. Là, jamais ne se sont *fait* sentir les ardeurs *embrasées* de la canicule ; là, jamais n'ont *soufflé* les noirs aquilons. L'âme s'y sent *tout* entière *pénétrée* d'une joie douce et ineffable, comme jamais les hommes n'en ont *goûté* sur la terre. *Tous* les maux *se* sont *enfuis* de *ces* lieux tranquilles, et *tous* les plaisirs semblent *s'y* être *réfugiés*. *C'*est ainsi que les *Dieux se* plaisent à récompenser les bons rois de les avoir *remplacés* sur la terre par la sagesse et par la justice ; *c'*est ainsi qu'ils *leur* rendent au centuple le bien qu'ils *se* sont *efforcés* de faire, pendant le peu d'années qu'ils ont *régné* pour le bonheur des hommes.

(Tiré du *Télémaque*).

39.

PRUDENCE ET ACTIVITÉ.

Quelques grandes espérances que vous ayez *conçues* de réussir dans votre entreprise, et de *quelques* nombreuses ressources que vous puissiez disposer, grâce aux amis *tout* dévoués que vous a *faits* votre mérite ; enfin, *quelque sûres* et bien *combinées* que vous semblent les précautions que vous a *suggérées* une sagesse peu commune, je tremble cependant pour vous quand je songe aux ruses habituelles que j'ai *vu* employer par vos ennemis, au peu de bonne foi qu'ils ont *montré* dans *toute leur* conduite, et surtout à l'activité infatigable qu'on les a *vus* déployer. Vous le savez, ils ne *se* sont *donné* ni trève, ni relâche ; et plus d'une fois ils *se* sont *vus triomphant* du bon droit et de la raison, à force d'audace, d'adresse et de perfidie. N'est-il pas vrai qu'en *mainte* occasion, ils ont *montré* une habileté plus grande que vous ne vous y étiez *attendus*, et surtout plus d'activité que vous n'en avez *montré vous-même?* Or, le manque de réussite ne saurait guère être *attribué* qu'au peu d'ardeur qu'on a *eu* ou à l'incapacité qu'on a *manifestée*. Comme c'est bien *plutôt* l'indolence qui vous a *nui* jusqu'à *ce* jour, que les leçons de l'expérience ne soient pas *perdues :* ne prenez plus désormais de *demi-mesures* comme vous n'en avez que trop *pris ;* ayez les yeux toujours *ouverts ;* et tenez compte non des peines que le succès vous aura *coûtées*, mais des avantages qu'il vous aura *valus*.

40.

DÉSINTÉRESSEMENT.

De *tout* temps, les hommes *se* sont *sentis* portés vers les richesses par un penchant dont il est rare qu'ils *se* soient *rendus* maîtres. Le peu d'entr'eux qu'on a *vus* les mépriser, ont toujours *formé* une si imperceptible exception, qu'à peine *doit-elle* être *comptée* au milieu de cette foule, d'autant plus avide de trésors qu'elle en a *davantage amassé*. Il est vrai de dire cependant que *tous* ceux que l'on a *vus se* parer du nom de philosophes, *quelles qu'aient été* leur secte et leur doctrine, ont *méprisé* ou *paru* mépriser *ces* faux biens, à l'appât *desquels* le commun des mortels *s'est* toujours *laissé* prendre. Mais *ces* philosophes *mêmes*, combien y en a-t-il *eu* de sincèrement *attachés* aux véritables maximes philosophiques ? A côté de *ce* peu d'hommes vraiment sages, que la postérité a justement *loués* pour le désintéressement et la vertu qu'ils ont *fait* paraître, combien d'autres *n'a-t-on* pas *vus* qui, *rampant* bassement aux pieds de *quelque* grand de la terre, en ont *mendié ces* richesses dont on les avait *entendus* prêcher si haut la vanité et le mépris ! *Est-ce* à dire cependant que la fortune doive être *rejetée* comme par les *Bias* et les *Aristippe*, ou recherchée comme par les *Sénèque* et les *Aristote*? Non ; il y a un milieu *où* la vraie sagesse *s'est* constamment *su* tenir : Ni trop, ni trop peu, *voilà* la devise du sage.

41.

LES RUINES.

Comme nous étions *arrivés* fort tard, *parce que* nos guides, *quoi que* nous *leur* eussions *promis*, ne *s'*étaient *décidés* qu'à *grand'peine* à nous accompagner, nous *fûmes* surpris par la tombée de la nuit *plus tôt* que nous ne l'avions *pensé*. Nous étions dans un vieux temple, dont la place nous sembla clairement *indiquée* par de nombreux fragments de colonnes *gisant çà* et *là*. Le marbre d'une porte assez bien *conservée* est *orné* de *bas-reliefs* très curieux, *représentant* le mythe plein d'*ambiguité* d'un serpent *enlaçant* de *ses* replis *multipliés* un homme à cheval. Au milieu de *ces* ruines d'une grandeur qui, sans doute, à en juger par les restes *imposants* que nous *voyions étalés* à nos yeux, avait *brillé* jadis du plus vif éclat, nous avons *pu* admirer la végétation, qui est *tout* orientale. Un figuier avait *plongé ses* racines entre les briques verticales d'un mur, plus avant qu'on n'aurait *pu se* l'imaginer ; des lianes légères et flexibles serpentaient par *mille* contours gracieux autour de *ces* débris du génie et des arts, comme pour cacher les ravages *dus* à l'impitoyable faux du temps ; elles pendaient en festons de verdure aux corniches à *demi renversées ;* et les oliviers, dont les tiges avaient *crû* fortes et vigoureuses parmi les marbres épars, étendaient *leurs* rameaux sur cette scène remplie de mélancolie. Le soleil *se* couchait à l'occident, et colorait de teintes fortement *accusées* les ruines d'*Ephèse*, les cimes nues des coteaux *environnants*, et la plaine déserte.

(Tiré des *Voyages en Orient*).

42.

L'AUTOMNE.

Une température plus supportable à *succédé* aux chaleurs torrides de l'été. L'ardente canicule *s'est vu* chasser enfin des hautes régions du ciel, d'*où* si longtemps elle a *dardé* sur la terre *ses* regards *embrasés*. Des rosées *abondantes*, des pluies douces et fraîches *ont rasséréné* l'atmosphère, qui était *devenue* d'airain ; et les herbes des prairies qu'on avait *vues* tomber *jaunissantes* et *desséchées*, ont *retrouvé* un reste de la sève bienfaisante qui, au printemps, les avait *fait* pousser et verdir. Les fleurs ne sont plus aussi *éclatantes*, il est vrai, qu'on les **a** *vues* briller naguère sous les regards *brûlants* du père de la lumière et des couleurs ; mais elles sont vives encore, et plus *charmantes peut-être* par la teinte plus sombre et *toute* mélancolique que présentent leurs corolles *pâlies :* j'aime à les voir ainsi, mattes et tendres, *jetant* aux yeux *quelques* reflets *languissants,* les derniers, hélas ! de leur éclat et de leur beauté *disparus*.

Mais *c'est* pour de *tout* autres plaisirs, *c'est* pour des richesses *toutes* différentes que l'automne est ordinairement *salué* et *béni*. Voyez *tous ces* arbres *pliant* sous le poids des fruits, qui ont *crû* et *mûri* par le travail de l'homme et par les rayons du soleil d'été. Entendez les cris de joie *bruyante*, et les refrains *retentissants* de la chanson du vendangeur, et le bruit des pressoirs *gémissants*, d'*où* s'échappe à flots *écumants* la douce liqueur de *Bacchus*. *C'est* la saison rémunératrice du laboureur ; *c'est* sur elle qu'il a *compté* pour *se* voir enfin *payé* des longs travaux qu'une culture souvent ingrate lui a *coûtés*.

45.

IMPRUDÉNCE ET REGRETS.

Nous ne pourrons, je le vois bien, *quoi que* nous fassions, nous tirer du mauvais pas *où* nous ont *fait* tomber les imprudences nombreuses qu'il nous est *arrivé* de commettre. Ainsi, par notre faute, sans que personne que nous puisse en être *accusé*, nous *voilà* dans une situation des plus déplorables qui se soient *vues*, sans espoir que nos efforts, *quels qu'ils* soient, puissent, nous en faire sortir. *Telle* ne serait pas notre position si nous nous fussions *montrés* moins *confiants* dans nos propres forces ; si, *écoutant* ceux qui nous avaient *conseillé* avec un si véritable attachement de nous défier de notre inexpérience, nous nous étions *laissé* guider par *leurs* sages avis ; ou même si, ne *prenant* conseil que de *nous-mêmes*, nous nous étions *laissés* aller aux seules impulsions de notre intelligence, *plutôt* que de nous être *abandonnés* à la fougue d'une aveugle passion. Mais *quelque* sages que fussent les conseils que nous nous sommes *entendu* si souvent adresser, *soit* par nos amis, *soit* par notre propre raison ; *quelques* nombreux avantages qu'ils nous eussent *assurés* si nous n'eussions pas *refusé* de les écouter et de les suivre, nous n'en avons *écouté*, nous n'en avons *suivi* aucun ; et, de *faute* en *faute*, nous sommes *tombés* par *degrés* dans un abîme de maux, d'où un miracle seul peut désormais nous tirer.

44.

LEVER DU SOLEIL.

Parti à deux heures et *demie* du matin, j'avais *marché* environ une *demi-heure ;* et, l'âme *tout* occupée d'une grave affaire, je ne m'étais pas *aperçu* que *déjà* l'aube avait *commencé* à poindre, et que l'étoile de *Vénus exceptée, tous* les astres que j'avais *vus* scintiller au ciel à mon départ, avaient *disparu.* Les ombres avaient *fui* peu-à-peu, *chassées* par l'aurore *blanchissante,* qui, après avoir *projeté* sur un fond noir *quelques* lueurs incertaines, avait *fini* par envahir l'horizon, et, en ce moment, *lançait* une gerbe *éblouissante* dont la moitié du ciel paraissait *inondée.* Aucune préoccupation, *toute* grave, *tout* importante qu'on la suppose, n'*eût persisté* dans *ce* moment solennel : aussi ma pensée *fut-elle* aussitôt *arrachée* à *tous* les intérêts qui l'avaient *absorbée jusqu'*alors; et elle s'élança *transportée, enivrée,* vers la scène *imposante* et sublime par laquelle étaient *frappés* mes yeux.

C'étaient d'abord, au plus haut de l'espace, comme les flammes de plus en plus *envahissantes* d'un incendie, *pénétrant, perçant* de *mille* et *mille* glaives incandescents les profondeurs du ciel ; pendant que la nuit fuyait vers l'occident, *laissant* flotter derrière elle, *découpés* de longues franges d'or, les plis *ondoyants* de sa robe *semée* d'étoiles. C'étaient ensuite, en *descendant* vers le foyer d'*où* avaient *surgi* toutes *ces* clartés, d'autres clartés plus *brillantes* encore, dont la couleur *rouge-pourpre* devenait de plus en plus vive *jusqu'*à un globe *tout* de feu, qui, des bords *enflammés* de l'horizon, s'élevait majestueux dans les airs.

45.

PRÉVOYANCE DE LA NATURE.

Lorsque les fleurs des graminées sont *garnies* de panaches *flottants* et *tombants*, comme dans les pays chauds, elles se trouvent *abritées* de la chaleur du soleil, qui est *tout ce* qu'elles ont à redouter ; et lorsqu'elles sont *rassemblées* en épis, comme dans les pays froids, elles en réfléchissent les rayons, au moins par un côté. De plus, par la souplesse dont sont *douées leurs* tiges, que la nature a en outre *fortifiées* de nœuds de *distance* en *distance*, ét à la faveur de *leurs* feuilles filiformes et capillacées, elles peuvent échapper à la violence des vents. *Rendues* fortes par leur faiblesse et leur ténuité *même*, elles ont souvent, par le peu de prise *offert* à l'orage, *résisté* plus efficacement que ne l'auraient *fait* de grands arbres. *Tels*, dans une autre catégorie de faits, on voit des hommes souples et *déliés*, échapper aux attaques, *quelles qu'*elles soient, de la tempête. *Pliant* sous l'effort, mais *redressés* aussitôt qu'*abattus*, ils marchent en *s'effaçant*, et esquivent pour ainsi dire *ses* coups, dont on les voit à la fin *triomphants*, lorsque de plus puissants en ont *été tout brisés* et *meurtris*. *Ces* plantes, d'ailleurs, semblables aux petites fortunes, sont *ressemées* et *multipliées* par les tempêtes *mêmes* qui dévastent les grandes forêts. *Quelle que* soit la sécheresse, elles y résistent par la force de *leurs* racines ; et *quoiqu'*elles n'aient que des feuilles étroites, elles en sont si *chargées* qu'elles couvrent de leurs plants *multipliés* la surface de la terre.

(Tiré de BERN.-DE-SAINT-PIERRE).

46.

CONSEILS A NOS ÉLÉVES.

La grammaire n'est pas moins importante qu'on nous l'avait *dit*, mais elle est plus difficile que nous ne nous l'étions *imaginé*. *Voilà* plusieurs années déjà que nous l'étudions, et cependant nous nous trouvons *arrêtés* par une foule de difficultés que nous aurions à peine *supposées* devoir *s'y* rencontrer. Quelques-uns d'entre nous *se* sont *laissé* rebuter par *ces* difficultés, les *ayant crues* insurmontables. Qu'*est-il résulté* du découragement où ils *se* sont *laissés* aller ? Qu'ils ont *vu* les obstacles s'accroître en proportion du peu d'ardeur qu'ils ont *mis* à les vaincre. D'autres, il faut le dire à *leur* louange, ont *déployé* un zèle, une application *remarquable; leur* courage, *leur* énergie ne s'est pas *démentie* un seul instant. Aussi, pour eux, les difficultés *se* sont *aplanies peu-à-peu; chaque* jour les a *vues* devenir moins fortes et moins nombreuses qu'elles ne l'avaient *semblé* d'abord; et *tout* fait croire qu'elles auront bientôt complétement *disparu*. *Tel* est l'heureux fruit d'un travail opiniâtre. A l'œuvre donc ! que ceux qui *déjà* ont *travaillé* autant qu'ils l'ont *pu*, se gardent bien, *quelques* progrès qu'ils aient *faits*, de croire *leur* tâche *remplie; que* ceux, au contraire, qui *se* sont *laissés* aller à l'indolence ou à la dissipation, se mettent au *plus tôt* à l'étude, *quels que* soient les dégoûts qu'elle présente, et je puis *leur* répondre du succès, *quelque* peu d'intelligence que la nature *leur* ait *donné*.

———

47.

LE MELON DU DUC DE MAYENNE.

Mayenne, un de ces *Guise* trop fameux *auxquels* la *France* a *dû toutes* les calamités dont elle *s'est vue affligée* à l'époque des troubles *où* ils ont *vécu; Mayenne, dis-je, devenu* chef de la *Ligue*, avait *montré jusque-là* plus d'activité et d'intelligence à table qu'il n'en avait *fait* voir sur les champs de bataille; car *ses* troupes *s'y* étaient toujours *laissé* battre. Mais *peut-être* la réputation qu'il avait *acquise* de premier gastronome du monde, *était-elle estimée* plus grande à son point de vue, que celle de général *expérimenté* qu'il avait *faite* à son rival par *ses* fréquentes défaites. Il aimait surtout les melons. Un jour il en avait *reçu* de fort beaux, qu'à leur air seul il avait *jugés* succulents; et il *se* disposait à faire honneur à *ces* délicieuses cucurbitacées, qui à cette époque étaient *mangées* au dessert. Mets exquis, vins fins des premiers *crûs*, et le reste, rien n'avait *été omis* pour préparer les voies aux savoureux cantaloups. *Déjà* plusieurs tranches *s'étaient succédé* dans l'estomac complaisant de notre *Lucullus*, lorsque *tout-à-coup*, on vient annoncer que la cavalerie de *Henri IV s'est* témérairement *engagée* dans un taillis. *Tous, excepté Mayenne*, sont d'avis qu'il faut au *plus tôt* mettre à profit une occasion si belle : Attendez au moins, *dit-il*, que j'aie *fini* mon melon. Nouvel avis que l'armée ennemie est *tout* entière en vue, et qu'à peine *a-t-on* le temps de monter à cheval. *Toutes* les tranches étaient enfin *englouties*, mais l'occasion *perdue*. La bataille le fut pareillement.

48.

L'ASIE.

De toutes les parties de la terre, l'*Asie* est *tout* à la fois la plus *étendue quant* à sa surface, et la plus importante sous le rapport historique. *C'*est *là* en effet que *se* sont *passés* les plus grands événements qu'il y ait *eu* dans le monde. *C'*est *là* que, d'après *toutes* les histoires et les traditions, *quelles qu'*elles soient, le genre humain a *pris* naissance, avec *ses* races si nombreuses et si *variées*. *C'*est *là* que *se* sont *formées* les premières nations, avec *leurs* mœurs si diverses, *leurs* sciences et *leurs* arts. *C'*est de *là* que les religions *se* sont *répandues* dans les autres contrées, *gagnant* de proche en proche, et *transmises*, *soit* par les enseignements des philosophes, *soit* par les migrations des colonies, ou par le glaive des *conquérants*. On en a une preuve *convaincante* dans les traits *frappants* de ressemblance que l'on trouve entre la religion actuelle des *Indous* et celle des anciens *Egyptiens*, *laquelle* est *considérée* avec raison comme la source *où* ont *puisé tous* ceux, philosophes, colons ou *conquérants*, qui ont *emporté* chez les peuples occidentaux les institutions religieuses que l'on a *vues s'*y établir. Ainsi, la métempsychose, cette doctrine que, de nos jours, on a *essayé* de faire revivre, n'a *passé* en *Italie* qu'après *s'*être *vu* adopter dans la *Grèce*, d'*où* elle avait *été apportée* de l'*Egypte*, qui *elle-même* l'avait *tirée* de l'*Asie*.

49.

IL NE FAUT JAMAIS DÉSESPÉRER.

Malgré le peu d'espérance qui nous était *resté*, et bien que nous fussions *réduits* à nos seules forces, nous *étant vu* abandonner par presque *tous* nos compagnons, nous n'avons pas *hésité* à nous jeter dans *tous* les hasards, *quels qu*'ils fussent, de cette périlleuse entreprise. La fortune favorise l'audace, dit un proverbe : nous nous en sommes bientôt *aperçus ;* car à peine *étions-nous engagés* que *toutes* les chances ont subitement *tourné* en notre faveur ; et notre hardiesse, qui serait mieux *appelée* de la témérité, *s'*est *vue* aussitôt *couronnée* par un succès complet. Comment *s'est-il pu* faire que nous ayons ainsi *réussi*, contre *toutes* les prévisions de la prudence humaine? A quoi *avons-nous dû* de vaincre des obstacles si nombreux, et tellement grands que *nous-mêmes* nous les avions *jugés* insurmontables? *C'*est *ce* que nous ne pourrions dire; et notre conviction est qu'il y a *eu là* un de *ces* miracles de la *Providence* par *lesquels Dieu* tire *quelquefois* des positions les plus difficiles ceux qu'il a *résolu* de sauver. *Quoi qu'*il en soit, nous pouvons servir à *tous* d'exemples *vivants* qu'il n'y a pas d'obstacles, *quelque* nombreux et *quelque* insurmontables qu'on les ait *jugés* d'abord, pas de disgrâce, pas de situation critique, *quelle qu'*elle soit, d'où, *Dieu* et notre courage *aidant*, il ne nous soit possible de sortir.

50.

ON N'ÉTUDIE BIEN QUE PAR LES YEUX.

Nous nous sommes toujours difficilement *expliqué*
comment des dessinateurs et des peintres *se* sont *donné*
tant de peine pour nous représenter des fleurs, des co-
quil'ages, des oiseaux étrangers ; comment on les a *vus*
entreprendre de longs voyages pour dessiner *quelques*
microscopiques insectes ; et comment n'est *venue* à aucun
la pensée de peindre le soleil et la lune, *tels* qu'ils sont
vus dans le télescope. Ce sont les objets *tout* à la fois
les plus *admirés* et les moins *connus* de notre univers.
Les planisphères que nous en avons *vus*, nous ont *sem-*
blé fort mal *faits,* à en juger par celui de la lune, qui
n'y est point ce que nous l'avons *vue* avec une lunette
de *vingt* pieds. A peine si les astronomes *se* sont *donné*
la peine de déterminer *quelques* positions sur le disque
solaire ; encore ne les *ont-ils marqués* que par *quelques*
secs contours. Ils ont *imité* en cela nos géographes, qui
n'ont *daigné* marquer sur *leurs* mappemondes les *Cordil-*
lières et les *Alpes* que comme des taupinières *isolées.*
Que de voyages il a *fallu* pour que nous ne soyons pas
restés tout-à-fait étrangers à la multitude des montagnes qui *divisent* le globe ! Il est juste de dire cependant
que notre époque, *tout* exacte, *toute* mathématique, a
fait de sérieux efforts pour préciser le peu de connais-.
sances *acquises* en géographie ; et nous commençons à
avoir des cartes orographiques et hydrographiques plus
rationnelles.

(Tiré de BERN.-DE-SAINT-PIERRE.

51.
UNE BONNE ACTION.

Une pauvre femme, *toute* jeune encore, avec un enfant de *quelque* sept à huit ans, *s'était venue* placer dans une avenue des *Champs-Elysées,* espérant obtenir *quelques* secours de la charité des *passants.* Elle *s'est mise* aussitôt à chanter, mais *tout* émue et si *tremblante* qu'à peine sa voix *pouvait-elle* être *entendue.* *Quant* au petit garçon, avec une gravité qui *eût prêté* à rire dans une *tout* autre circonstance, il tirait d'un mauvais violon je ne sais *quels* sons aigres et criards, qui ont bientôt *fait* fuir *tous* les promeneurs ; de sorte que les deux malheureux n'ont pas *tardé* à *se* trouver dans un complet isolement. Seule, une jeune dame, que j'avais *vue s'*apitoyer en les *regardant,* avait *continué* à passer et repasser devant eux, *appuyée* au bras d'un homme, jeune aussi, et, comme sa compagne, *vêtu* avec une extrême élégance. Plusieurs fois je les avais *vus* jeter dans la sébile *quelques* pièces de menue monnaie, et cela avec une sorte d'affectation, comme *s'ils* avaient *cru* appeler d'autres offrandes, en *piquant* d'honneur, faute de mieux, l'*amour-propre* et la vanité. Mais ils n'y avaient point *réussi ;* et leur expédient, comme leur bonne intention, était *resté* sans effet. *Tout-à-coup, voilà* que la jeune dame *s'est mise* à la place de la pauvresse *tout* ébahie, et que la rauque machine du petit bonhomme a *passé* dans les mains du monsieur, qui, après *quelques* sons vigoureux qu'il a *fait* jaillir du chétif instrument, prélude et commence. Bientôt, à sa voix ample et sonore *s'est mariée,* comme une âme *répondant* à une âme, une autre voix timide d'abord, puis hardie et *vibrante ;* et *toutes* deux, *confondues* et distinctes, montent et s'élèvent, comme la prière vers le ciel, *répandant* au loin autour d'elles des flots d'une indéfinissable harmonie. A l'instant, les promeneurs qui avaient *fui, se* sont *rapprochés, pressés, entassés,* pour entendre et pour voir ; les dons ne *se* sont pas *fait* attendre, et ils *se* sont *succédé* rapides dans la sébile *devenue* trop petite ; puis les deux virtuoses, *jugeant* leur mission et leur rôle *finis, se* sont *éclipsés, envolés,* comme des anges que sans doute ils étaient.

52.

LA VALLÉE DE L'OSSA.

Nous *fûmes conduits* par nos guides dans une des gorges du mont *Ossa*, *où* l'on a *prétendu* que *s'est livrée* autrefois la fameuse bataille entre les *Titans* et les *Dieux*. Nous *parvînmes* ensuite en un endroit *où* les vagues d'un torrent, fortement *comprimées*, cherchent à se frayer un passage, *se heurtant, se soulevant*, et *tombant* avec des mugissements affreux dans un gouffre sans fond, *d'où, s'élançant* avec une nouvelle fureur, elles vont *se* briser les unes contre les autres dans les airs.

Nous étions *tout* entiers *occupés* de *ce* spectacle lorsque, *levant* les yeux autour de nous, nous nous *vîmes resserrés* entre deux montagnes *toutes* noires, et *sillonnées* dans *toute leur* hauteur par des ravins profonds. Nous *voyions errant* pesamment près de *leurs* sommets, et *suspendus* parmi des arbres funèbres, des nuages aux flancs *chargés* d'orages et de tempêtes. *Au-dessous*, la nature en ruine, les montagnes *écroulées*, qui, *ensevelies* sous *leurs* débris *gisants*, n'offraient que des roches *menaçantes*, confusément *entassées*.

Par *quelle* puissance *se* sont donc *vu* briser les liens de *ces* masses énormes ? *Est-ce* la fureur des aquilons, *ou* la terre *bouleversée entr'ouvrant ses* entrailles par un tremblement soudain, *ou* bien la vengeance des *Dieux*, qui a *arraché* et *dispersé ces* rochers gigantesques, pour en écraser les *Titans* ? *Quoi qu*'il en soit, *c*'est dans cette vallée affreuse que les *conquérants, tout* glorieux de *leurs* victoires, devraient venir prendre en horreur les ravages et les ruines que *leur* folle ambition a *semés* dans *tout* l'univers.

(Tiré de BARTHÉLEMY).

55.

ÉLOGE DE WASHINGTON.

Washington *s'*est *montré* un des plus habiles politiques qu'il y ait *eu*; *c'*est aujourd'hui encore le plus grand de tous les capitaines qu'a *vus* naître l'*Amérique*; et, à coup *sûr*, un des plus nobles et *dévoués* citoyens qu'elle ait *produits*. Qui *pourrait* dire *toutes* les peines que lui a *coûtées* l'affranchissement de sa patrie, et les efforts surhumains qu'il lui a *fallu* pour mener à heureuse fin cette grande entreprise ? Sa fortune, son repos et son sang *même*, on les lui a *vu* prodiguer avec une générosité, un dévouement *tel* que jamais *peut-être* on n'en avait *vu* de semblable. Jamais sa grande âme ne *s'*est *laissé* abattre par les revers; jamais le peu de sympathie qu'il avait *trouvé* pour la liberté dans les siens *mêmes*, n'a été capable de le décourager; et *c'*est ainsi qu'à force de patience et de patriotisme, il a *fondé* cet empire des *États-Unis*, *appelé* à jouer un si grand rôle parmi les nations.

Mais une de *ses* vertus qui ne sera jamais assez *admirée* et *comprise*, ç'a été sa modération, son désintéressement. *Tout* autre *fût resté* maître d'un pouvoir *où* l'avaient *porté* l'amour et la reconnaissance de *ses* concitoyens; *quant* à lui, il a noblement *pensé* qu'il devait laisser à son pays et ne pas confisquer pour *lui-même* la liberté qu'il lui avait *fait* aimer et conquérir. Son œuvre *finie*, il *s'*est *retiré*; et, nouveau *Cincinnatus*, il *s'*est *remis* à la charrue, *donnant* ainsi l'exemple de *toutes* les vertus patriarcales, après *s'*être *montré* le modèle de l'homme d'*État* et du citoyen.

54.

UNE TROMBE D'AIR.

Représentez-vous une masse d'air *prise tout-à-coup*
entre deux vents contraires, et *tournant* rapide sur *elle-
même*, comme le sabot sous le fouet impitoyable. Dans ce
mouvement, elle *s'est rétrécie* à sa base, et *ouverte* à sa
partie supérieure en forme d'un immense cratère. La
voilà qui *s'élève* en *tournoyant*, *emportée* avec une vitesse
effrayante par le milieu des airs. *Tous* les objets, *quels
qu'ils soient*, qu'elle a *rencontrés* devant elle et autour
d'elle, sables, pierres, arbres, habitations *même*, elle les
a *saisis, entraînés, engloutis* dans *ses* vastes flancs.

Alors, malheur au pays sur *lequel* aura *passé* la tempête! car les autres fléaux ne sont rien auprès de la
trombe d'air : ni les tremblements de terre ; ni la foudre ; ni la grêle *détruisant tout* sur son passage ; ni les
torrents et les rivières *débordés, inondant* les campagnes et *couvrant* d'une vase épaisse les guérets *ensemen-
cés*, seule espérance du laboureur ; ni enfin aucune des
autres calamités sans nombre par *lesquelles* la terre
s'est *vue* si souvent *ravagée*.

O vous, à qui il est *arrivé* de contempler, après le
passage d'une trombe, la contrée malheureuse sur *laquelle s'est exercée* sa fureur, *dites-nous* si *quelque* chose
a *été respecté, même* la moisson du pauvre ; si une seule
demeure *s'est vu* épargner, *même* la maison de *Dieu*.
Partout les terrains *effondrés*, les arbres *déracinés*, les
toits *arrachés* de *leurs* maisons, et les maisons de *leurs*
fondements ; et *tous ces* débris *enlevés, emportés, balayés*
dans les airs, et *retombant çà et là* avec un fracas épouvantable, comme une ruine *croulante* de la terre et du
ciel.

55.

L'ART ET LA NATURE.

L'habitude que nos pères nous ont *donnée* de resserrer dans des digues les canaux de nos rivières, d'avoir nos chemins *sablés*, les allées de nos jardins *alignées*, *leurs* bassins *tirés* au cordeau, nos parterres et nos arbres *même équarris*, fait que nous sommes *accoutumés* à regarder comme *livrés* à la confusion *tous* les espaces un peu *écartés* de notre équerre. Mais n'*est-ce* pas *plutôt* dans les lieux *où* ont *travaillé* nos mains, que règne un véritable désordre? Voyez *ces* jets d'eau qu'elles ont *fait* jaillir sur des montagnes, *ces* peupliers et *ces* tilleuls *plantés* sur des rochers, *ces* vignob'es que nous n'avons pas *craint* d'établir dans des vallées, quand, par une contrainte ridicule, les prairies *se* sont *vues condamnées* à verdir sur des collines. Mais la nature, *quelque* temps *forcée*, a bientôt *repris* sa marche et *ses* droits. Que les travaux *auxquels* vous vous êtes *livrés*, soient *négligés* et *suspendus : tous ces* petits nivellements, *quelque* durables qu'ils vous paraissent, seront bientôt *confondus* sous le niveau général des continents. Avant qu'un bien grand nombre d'années *se* soient *écoulées, toutes ces* cultures humaines auront *disparu : ces* pièces d'eau *se* seront *changées* en marais; *ces* murs de charmilles seront *hérissés, tous ces* berceaux *obstrués, toutes ces* avenues *fermées;* et des végétaux naturels auront *repris* la place dont l'art avait *cru* les avoir pour toujours *chassés.* Encore un peu de temps, et, à moins d'une attention et d'un travail *continuels*, les chardons auront *étouffé* de *leurs* larges feuilles les gazons anglais; des foules épaisses de graminées *se* seront *réunies* autour des arbres de Judée; les ronces y auront *grimpé*, *armées* de *leurs* crochets comme pour monter à l'assaut; des touffes d'orties *se* seront *emparées* de l'urne des *Naïades;* et, sans respect pour la beauté, des plaques de minium auront *étendu leurs* couches verdâtres sur les visages des nymphes et des *Vénus* dont *ces* jardins étaient *peuplés.* (Tiré de BERN.-DE-SAINT-PIERRE).

56.

ÉLOGE SUR LA TOMBE D'UN HOMME DE BIEN.

Sa mémoire ne *s'est recommandée* ni par la renommée qu'il *s'est faite*, ni par les grands biens qu'il a *possédés*. Non, *ce* n'est pas par *ce* que nous sommes *convenus* d'appeler gloire et grandeur, ni par la fortune, ni *même* par la science qu'il *s'est acquis* des droits à nos éloges et à notre admiration. La gloire? elle ne lui a *été connue* que par les récits qu'elle en a *entendu* faire; et par les sacrifices trop réels qu'il a *coûtés* aux hommes, *plutôt* que par les biens si souvent imaginaires qu'il leur a *valus*. La fortune? il n'en a jamais *eu;* et si parfois il en a *désiré, ce* n'a été que pour tirer les infortunés de *quelque* position malheureuse *où* il les avait *vus* tomber. Les honneurs et les dignités? sans mépriser ceux qui les recherchent, car il faut bien, pour l'avantage des autres, que quelques-uns consentent à en être *revêtus*, il ne les a jamais ni *désirés*, ni *poursuivis;* et il ne les *eût acceptés* que *forcé* et *contraint, s'ils* lui avaient été *offerts. Quant* à la science, comme *toutes* les sources lui en avaient *été fermées* par le peu de fortune qu'avait *possédé* sa famille, les soins qu'il *s'était vu forcé* de refuser à son esprit, il les avait *donnés* à la culture de son cœur; et il avait *acquis* ainsi la plus modeste sans doute, mais la plus utile science qu'il y ait jamais *eu* parmi les hommes , celle de la charité.

Dors en paix, et que la terre te soit légère , *ô* toi dont la bienfaisance ne *s'est vu* égaler que par ta modestie; *ô* toi à qui auraient *dû* ressembler, pour le bonheur des hommes, la plupart de ceux qui *se* sont *fait* donner sur la terre le nom de grands.

87.

LA VALLÉE DE CAMPAN.

Je ne peindrai point cette vallée de *Campan*, si belle,
si *connue*, si *célébrée*. Je ne dirai ni *ses* maisons, si jolies
et si propres, *entourées* chacune de sa prairie, avec des
touffes d'arbres qui y entretiennent un doux ombrage ;
ni les méandres innombrables de l'*Adour*, dont les eaux
*s'*aperçoivent *serpentant* entre deux rives *toutes couvertes*
d'une végétation active et *verdoyante ;* ni les molles
inflexions du sol, *ondé* comme des vagues *se balançant*
sous un vent doux et léger ; ni la gaîté des troupeaux
errants et comme *abandonnés* au milieu de *ses* pâturages
riants ; ni *ses* bourgs et *ses* villages si riches, qui ont
surgi comme fortuitement, quand les habitations *çà* et
là répandues se sont *trouvées* assez nombreuses et assez
rapprochées. Comment décrire cette coquette ville de
Bagnères, où *Esculape* et le *Plaisir se* sont *vu* élever des
autels ? retraite délicieuse, que l'on dirait *placée* entre
les champs du *Bigorre* et les prairies de *Campan* comme
entre la richesse et le bonheur. Comment enfin décrire
cette fière enceinte, qui sert comme de cadre au plus
magique tableau qui *se* soit jamais *vu?* *ces* cavernes, *ces*
cascades, *visitées* par *tout ce* que la *France* a de plus
aimable et de plus illustre ; *ces* rochers *imposants* dont
l'aridité contraste avec la parure de la vallée ; ce *Pic-
du-Midi*, avec *ses* pointes *suspendues au-dessus* de *ces*
tranquilles retraites, comme l'épée du tyran sur la tête
de *Damoclès : menaçants* boulevarts, qui m'ont toujours
fait trembler pour l'*Élysée* qu'ils renferment.

(Tiré de RAMON).

58.

LE CYGNE ET LE PAON.

I.

Au milieu d'une immense *basse-cour, remplie* de *toute* sorte de volatiles, qu'avait *tirés* de *toutes* les parties du monde un fermier amateur exorbitamment riche, s'étendait en nappe *dormante, quoique* très limpide, une pièce d'eau *alimentée* par des sources *jaillissantes*, qu'en *regardant* de près, on aurait *vues* sourdre vives et pures au fond de son lit. Non loin du bord, aux yeux d'une galerie *emplumée*, qui faisait éclater sa joie en clameurs *bruyantes*, un paon, avec cette sotte satisfaction de soi qui ne s'est *vue* jamais que dans les paons et les *petits-maîtres;* un paon, *dis-je*, tournait pesamment sur *lui-même*, *étalant* les couleurs *jetées* avec tant d'art et de profusion sur son plumage, comme à la voûte du ciel les étoiles *brillantes*, ou dans les palais *enchantés*, l'or, les perles et les pierreries. *Quelque accoutumés* que fussent les spectateurs à la vue de *ces* incomparables merveilles, car ils en avaient *joui maintes* fois *déjà, quelque* envie que *leur inspirât* à *tous cet* étalage de beautés *auquel* l'orgueil du paon donnait un caractère de domination et de tyrannie; et *quelles que* fussent par conséquent les dispositions de *chacun* à la critique, il n'y avait personne cependant assez *aveuglé* par la jalousie ou par la haine pour ne pas admirer et applaudir.

Attiré par le bruit de *toutes ces* acclamations, qui avaient *retenti jusqu'*à l'autre extrémité du bassin, un cygne s'avance, *fendant* avec une rapidité *surprenante* la surface tranquille des eaux, et *étendant* à *demi*, comme deux blanches voiles, ses ailes *frémissantes*.

59.

LE CYGNE ET LE PAON.

II.

Aussitôt *tous* les regards *se* sont *tournés* vers lui. On vante *tout* d'une voix sa grâce *toute* naturelle, sa majesté *tempérée* par la douceur; et enfin sa beauté, à *laquelle* il *leur* semble qu'*aucune* autre ne peut être *comparée. Voyez-vous*, *disait-on*, cette blancheur *éblouissante*, par *laquelle* serait *effacée* celle *même* de la neige? *Voyez-vous* avec *quelle* mollesse *toute* gracieuse son cou d'albâtre *se* plie et *se* replie avec *mille* mouvements pleins de charme et de volupté? Y *a-t-il* un oiseau à la fois plus beau et plus modeste? Y en *a-t-il* un plus parfait parmi les espèces sans *nombre* que la nature a *créées?*

Tels étaient les éloges qui, de *toutes* parts, étaient *adressés* au *charmant* palmipède. Je ne dirai point que *ses* oreilles n'en fussent pas *flattées ;* mais sa modestie était *restée* la *même*, et ni son air, ni *ses* manières n'avaient *changé. C'*était *tout* autre chose du côté du paon *délaissé.* Au commencement, sa vanité *s'*était à peine *aperçue* que la solitude *s'*était *faite* autour de lui; et il avait longtemps *continué* à tenir *déployées* les magnificences de sa queue incomparable. *Ses* illusions cependant avaient *fini* par *se* dissiper. Alors, au contentement de *lui-même avaient succédé* la honte et le dépit; et il était *venu*, *traînant* derrière lui l'écrin *fermé* de sa riche parure, savoir pourquoi tant de trésors *étaient* maintenant *dédaignés.*

Quelle ne fut pas sa colère lorsqu'il vit l'oiseau nageur ; et, devant lui, *ses* propres flatteurs d'il y a un instant, *transportés*, *extasiés*, et lui *prodiguant* des éloges, comme jamais *lui-même* ne s'en était *entendu* adresser !

60.

LE CYGNE ET LE PAON.

III.

S'étant figuré que *ce* qui était tant admiré dans son rival, *c'était* la seule adresse à nager, la sotte bête s'approcha du bord : « Vous *seriez-vous* par hasard *imaginé*, stupides volailles, *s'écria-t-il*, que la natation *ou* un autre art quelconque a *été exclu* de mon éducation, quand vous devez savoir qu'une divinité *elle-même* y a *présidé?* Par *Junon*, que je puis dire ma mère, et par *Argus*, qui était *tout* yeux, *s'il* est *quelque* chose que l'on ne m'ait pas *appris*, ou que j'aie *oublié*, je consens à perdre mon nom et une foule *d'avantages* dont m'a *gratifié* la reine *même* de la terre et du ciel. Vous allez voir. Je ne vous en dis pas *davantage.* »

Et il se jeta bravement à l'eau.

Il n'en eut pas pour longtemps. D'abord il prêta beaucoup à rire par les mouvements *extravagants* et *tout* drôles *auxquels* il *se* livra pour retrouver son centre de gravité. *Ses* pieds, *ses* ailes étaient *tout* autres qu'il ne les *eût fallu* pour lui servir de rames et de voiles. Sa queue *même*, cette queue merveilleuse qui avait *fait* son orgueil, lui était *devenue* un surcroît de gêne par son poids et par sa longueur. Elle finit *même* par l'entraîner sur elle à la renverse, *quelques* efforts qu'il *eût faits* pour garder une position plus décente ; et *ce* fut ainsi qu'il expira, les yeux et le bec *dirigés* vers l'*Olympe*, comme pour implorer *Junon*, qui ne le vit *même* pas, *s'étant endormie ce jour-là*, comme autrefois *Argus*, pour le bonheur du grand *Jupiter*.

Oh! que de maux irréparables et de stériles regrets l'orgueil a *déjà coûtés* aux hommes! et *dites-moi* un peu *quelle* espèce de satisfaction il lui a jamais *value*.

61.

L'ÉDEN.

Cette heureuse et champêtre habitation offrait l'image la plus délicieuse et la plus attrayante qui *se* soit jamais *vue*, et par l'admirable ensemble des parties dont elle était *composée*, et par les ornements qui partout y étaient *prodigués* avec un goût et un art *infinis*. On y sentait comme la main *même* du divin architecte qui l'avait *élevée*. C'était *quelque* chose qui n'était point terrestre, et que Dieu seul pouvait avoir *créé*, *varié* et *embelli* avec tant de grâce et de magnificence. Ici des bocages frais et *riants*, dont les arbres toujours verts distillaient à flots la myrrhe odoriférante, et plus de parfums divers que n'en ont jamais *produit* les contrées les plus *favorisées* des cieux. *Là* des vergers *où*, sur les *mêmes* arbres, les fleurs *brillantes*, et les fruits *luisants*, *dorés* et vermeils charmaient à la fois l'odorat, le goût et la vue. *Toutes* les merveilles, *quelque surprenantes* qu'elles soient, que vous avez *entendu* raconter du fameux verger des *Hespérides*, étaient, et de bien plus *étonnantes* encore, *rassemblées* dans ce jardin admirable.

Entre les arbres paraissaient des espaces *riants* et de vertes collines, *où* l'on voyait des troupeaux *errant* sans guide, et *bondissant* en liberté, ou *paissant* l'herbe tendre des prairies. Plus loin, des grottes sombres offraient leurs fraîches retraites *tapissées* de vignes, que l'on voyait *grimpant*, *chargées* de grappes vermeilles, contre les rochers et les arbres, ou *rampant* près de terre avec une agréable fécondité. Ailleurs, c'étaient des ruisseaux *tombant* le long des collines, et *se ramassant*, après avoir *formé* divers canaux, en une nappe *unie* et transparente, dont les eaux s'étendaient au loin, *présentant* leur miroir de cristal à la verdure des rivages *couronnés* de myrte. *Mille* oiseaux *tout* différents de voix et de plumage, formaient un chœur mélodieux; et les zéphirs, *emportant* sur leurs ailes *frémissantes* les plus délicieuses senteurs, s'en allaient *murmurant* parmi les feuilles les noms des bocages où ils avaient *dérobé* ces parfums.

62.

LE GÉNIE DES TEMPÊTES.

I.

Vasco de *Gama*, un des plus grands navigateurs qu'ait *eus* le *Portugal*, s'était, à la tête de hardis compagnons, *élancé* sur la mer Atlantique, *espérant* trouver une route aux Indes plus courte que celle que l'on avait *suivie* *jusqu'*alors. Son navire, après *mille* dangers *courus*, *mille* difficultés toujours *renaissantes*, était enfin *arrivé* en vue du cap de *Bonne-Espérance*, cette terrible barrière qu'il s'était *proposé* de franchir. *C'*était le soir. Avec la permission du *chef*, les matelots *épuisés* étaient *allés* reprendre dans un sommeil réparateur des forces pour le lendemain. Il n'y avait d'yeux *ouverts* sur le vaisseau que ceux du pilote et de *Gama*. *Celui-ci* était *assis* sur le tillac, *portant* au loin devant lui, autant que le permettait la clarté *vacillante* des étoiles, *ses* regards tantôt inquiets, tantôt *rayonnant* d'une sublime espérance. *Tout-à-coup* il aperçoit comme une vague *s'élevant blanchissante* d'écume, puis une forme humaine *se dessinant* en proportions gigantesques. Près d'elle une haute montagne n'*eût semblé* qu'une colline ; et *tel* sans doute *eût paru* jadis, *s'*avançant entre deux golfes de la mer *Égée*, le mont fameux de l'*Athos*, si *eût été acceptée* par *Alexandre* la proposition qu'avait *faite Dinocrate*, de donner à cette montagne les traits et la figure du conquérant.

Quelque intrépide que *fût Gama*, un moment son âme s'était *sentie troublée;* un moment *ses* yeux avaient *hésité* à *se* fixer sur l'étrange apparition. Mais, peu à peu, *aguerris* et *accoutumés*, ils avaient *suivi* les développements toujours *croissants* de *ce* géant des mers ; et, à la fin, quand les dimensions en furent *devenues* telles que de la tête il touchait aux nues, le hardi navigateur les tenait *arrêtés* avec assurance sur ceux *mêmes* du colosse ; lorsque *celui-ci*, d'une voix *tonnante* et avec des regards *menaçants*, laissa tomber *ces* terribles paroles.

63.

LE GÉNIE DES TEMPÊTES.

II.

Quelle folie, *quelle* inconcevable démence *s'est emparée* de vous, *ô* les plus insensés des hommes? Il est donc vrai que rien n'a *pu* vous détourner de votre audacieuse entreprise : ni la vue de *ces* mers immenses que personne encore n'avait *osé* franchir; ni l'amour du sol qui vous a *vus* naître; ni enfin vos familles et vos amis *laissés* derrière vous dans la douleur et le désespoir? Écoutez, et tremblez! Vous avez déjà *souffert* bien des maux depuis que, *partis* pour votre expédition fatale, vous vous êtes *lancés* sur *ces* lointaines mers. Plus d'une fois vos navires *se* sont *vus fracassés* par la tempête, et vos équipages *engloutis* par les flots, ou *décimés* par les maladies ou par le fer. Cependant *ces* malheurs ne sont rien en comparaison de ceux dont je vous vois *menacés*. Vous franchirez cette barrière que *tous* avaient *crue* infranchissable, et vous pénétrerez *jusqu'*à cette contrée si *désirée*, dont la renommée d'opulence vous a *séduits*, et qu'il *eût* mieux *valu* pour vous n'avoir *connue* jamais. Je vois les éléments *déchaînés*, les abîmes *ouverts*, et vos vaisseaux, *brisés* et *dispersés* par l'orage, *errant* sans guide et sans espoir au milieu d'océans sans fin, sans port, et sans asiles que la gueule *affamée* des monstres de la mer, ou les archipels inhospitaliers des canibales; je vois à votre aspect les rois et les nations *soulevés*, vos brigandages *expiés* par des massacres, et votre tyrannie *noyée* dans des flots de sang; je vous vois, *armés* par l'avarice impitoyable, vous *égorgeant*, vous *déchirant vous-mêmes* de vos propres mains, *semant* à l'*envi* de vos cadavres la terre et la mer; et *partis* si nombreux des côtes occidentales, n'y *revenant* que quelques-uns à peine, avec quelques misérables débris de tant de richesses, *arrachés* à vos compagnons, aux sauvages et aux flots. Insensés, qui aurez *opprimé*, *écrasé*, *abîmé* dans le sang des nations *tout* entières, et qui, au lieu des trésors que vous y cherchiez, n'y aurez *trouvé* que des tombeaux!

64.

PIZARRE A SES COMPAGNONS.

I.

Depuis que, *poussés* par des projets de gloire et de richesse, nous avons, hardis aventuriers, *pénétré* dans ces climats lointains, il n'est pas de fatigues que nous n'ayons *eues* à souffrir, pas de périls *auxquels* nous ne nous soyons *vus exposés*, pas de maux enfin et de souffrances, *quelque* grandes qu'on puisse les imaginer, par *lesquelles* ne *se soient vu* éprouver notre constance et notre courage.

Il semble que, *jusqu'à ce* jour, *quelque* dignes que nous nous soyons *montrés* de *ses* regards, la fortune *se* soit *plue* à *se* jouer de nos efforts et de nos vœux. Mais c'était pour nous rendre plus douces des faveurs qui nous étaient *dues* et *réservées*, et qu'elle n'a si longtemps *différé* d'accorder à nos légitimes souhaits, qu'afin qu'elles fussent mieux *appréciées* et *senties;* car les hommes sont ainsi *faits* qu'ils ne comprennent bien le bonheur qu'après en avoir *été* longtemps *privés*. Camarades, le temps des épreuves est *passé*, l'ère des prospérités a *commencé* pour nous, elle ne doit plus finir. La carrière nous est désormais *ouverte* plus vaste, plus immense qu'elle ne nous était *apparue* au milieu des rêves *brillants* dont notre imagination ardente et enthousiaste *s*'était *nourrie;* oui, désormais, nos espérances peuvent, sans crainte de *se* voir *déçues*, embrasser plus d'espaces, plus de gloire, plus de trésors, non-seulement que nous n'en avions *imaginé nous-mêmes*, mais que jamais n'en ont *possédé* les hommes, dans *quelques* contrées *aimées* du ciel, et à *quelque* époque, tant *reculée soit-elle*, qu'ils aient *vécu*.

65.

PIZARRE A SES COMPAGNONS.

II.

J'usqu'à ce jour, les plus grandes découvertes qu'aient *faites* les navigateurs ont *consisté* en *quelques* îles désertes, en *quelques* plages arides, semblables à celle que nous avons enfin *quittée*, après nous y être *vus renfermés* si longtemps avec la misère et la faim : nous, c'est un empire grand comme l'*Europe tout* entière que nous aurons *découvert;* c'est la patrie même de l'or qui nous sera *échue* dans ce grand partage que les *Européens se* sont *fait* du *Nouveau-Monde.*

*C'*est, vous *ai-je dit*, un empire immense; et *peut-être* vous *êtes-vous figuré* que la conquête vous en sera *disputée* par des armées innombrables; *oh!* si tous ceux qui dans *ces* vastes contrées peuvent être *faits* soldats, si *même* seulement ceux qui portent une arme, étaient *là*, devant vous, compactes, *unis*, et *conduits* par un chef habile, j'en conviens, *quelque* braves que je vous connaisse, j'hésiterais à vous jeter dans une pareille entreprise. Mais *rassurez-vous :* les forces dont *pourraient* disposer *ces* peuples, ils les ont *vues* tomber ou *se* tourner contre *elles-mêmes* depuis le jour *où*, par une ambition funeste, *se* sont *armés* l'un contre l'autre les deux fils de *leur* ancien roi. Ainsi, les armes *mêmes* qui devraient être *dirigées* contre nos poitrines, le sont contre les *leurs;* en un mot, ils nous sont *livrés* par *leurs* divisions, sans défense comme sans recours.

Mais *fallût-il* une bataille, vous le savez, nos armes sont pour eux le tonnerre ; *quant* aux *leurs*, elles n'ont rien que nous *craignions*, *ou plutôt* rien que nous n'*enviions :* car elles sont la plupart de *ce* métal précieux que nous sommes *venus* conquérir à travers tant de périls et de peines, pour la gloire de notre patrie.

66.

PIERRE WASS.

I.

Au bord de la mer, *s'élevait*, *minée* depuis long-temps par les flots qui venaient s'y briser en *mugissant*, une falaise *coupée* à pic, au haut de *laquelle* on aper-cevait comme *perchée*, ainsi que l'aire des oiseaux sau-vages, une cabane d'assez frêle et chétive apparence. *C'*était la demeure de *Pierre Wass*, naguère un des pê-cheurs les plus *déterminés* de la côte, et maintenant un des plus malheureux *peut-être* qu'on *eût vus* jamais pro-mener une barque le long de ces âpres rivages.

*C'*est que, hélas! après s'être *vu* enlever son fils, qui, ainsi que tant d'autres, avait *péri* à *Trafalgar*, le pauvre pêcheur venait encore de perdre la chère compagne de sa vie. A la nouvelle de la perte qu'elle avait *faite*, elle *s'*était *sentie frappée* comme d'un coup de foudre, et, *quelques* soins qu'on lui *eût prodigués*, elle n'avait plus que *langui* dans une sorte d'hébêtement; puis elle avait *fini* par doucement s'éteindre sous les yeux et dans les bras de sa famille *désolée*.

Cette famille n'était plus *composée* que de *Pierre Wass* et d'une petite fille d'à peu près dix ans et *demi*, sur qui *s'*étaient *reportées toutes* les affections de ce cœur déses-péré. Mais en vain *cette* enfant, *douce* et *aimante*, cher-chait à le consoler ou *tout* au moins à le distraire de sa douleur ; en vain les autres pêcheurs, qui l'aimaient, avaient *essayé* de lui faire reprendre la vie d'agitation et de périls qu'il avait autrefois *menée* avec eux, et à *la-quelle* il ne *s'*était plus *livré* que pour subvenir aux pre-miers besoins de sa fille et de lui : rien n'y avait *fait*, la douleur avait *persisté;* et il était évident qu'il n'avait plus qu'une pensée, celle d'aller rejoindre au ciel le fils et l'épouse qu'il avait *perdus*.

67.

PIERRE WASS.

II.

On lui disait : *Pierre*, la falaise *où* est *bâtie* ta maison, *s*'est *vu* si longtemps creuser par les vagues, qu'au premier coup de vent l'une et l'autre *peuvent se* voir *emportées* : Bah ! *répondait-il* en hochant la tête, le vent, ça me connaît, et d'ailleurs... — Mais ta fille ? — Ma fille ! Dieu et sa mère l'on *confiée* à mes soins, non aux *vôtres :* merci !

Un jour, la mer était *devenue effrayante ;* la lumière du soleil avait *tout* entière *disparu, interceptée* par des nuages noirs et sinistres, qui, *déchirés* par les éclairs, et *poussés* avec violence par les vents impétueux, promenaient dans cette nuit sombre, les éclats *roulants* de la foudre, pendant que la montagne *ébranlée* oscillait *tremblante* sur sa base, *tout* près de *s'écrouler* et de *s'engloutir.* Les yeux de *Pierre Wass* étaient trop *exercés,* la connaissance qu'il avait *prise* de la mer depuis son enfance, était trop profonde pour que la moindre illusion lui *fût restée dès* le début de la tempête qu'il voyait *grossissant* de plus en plus, et, *d'instant* en *instant,* plus terrible et plus *menaçante.*

Il appelle sa fille : *Marie*, lui *dit-il* en l'*embrassant* avec plus de tendresse qu'il ne lui en avait encore *montré, va, ,porte ce* poisson à ton oncle de *Grandchamp ;* tu reviendras quand cette bourrasque aura *cessé.* — Quoi! mon père, sortir par le temps qu'il fait? — *Va,* te *dis-je,* ma bonne *Marie,* et *embrasse-moi* encore une fois. L'enfant partit *tout* en larmes, et le pauvre père *se* renferma dans son habitation.

Cependant la tempête, loin de *s'être calmée,* avait *augmenté* de violence ; et, enfin, avec un fracas épouvantable, dans *lequel s*'entendaient *confondus* le mugissement des vagues, le sifflement des vents, et les coups *répétés* du tonnerre, la falaise *se* déchira, et une partie s'écroula dans les abîmes *béants* qui étaient à *ses* pieds. Inutile de dire que la cabane aussi avait *disparu.*

68.

LA CLEF DES CHAMPS.

Après une maladie des plus graves, pendant *laquelle tous*, les médecins *même*, avaient *désespéré* de moi, la force de l'âge et du tempérament *ayant réussi* à prendre le dessus, j'étais *entré* dans cette période des indispositions humaines qu'on a *appelée* convalescence. Je n'en avais pas *fini* cependant, *quelque* envie que j'en eusse, avec la *Faculté* et *ses Esculapes*. Outre les tisanes, les potions, et de *tout* autres remèdes encore, qui ne m'ont pas *manqué jusqu*'au dernier jour, c'étaient des précautions, des soins de *toute* sorte, qui m'étaient *recommandés*, *imposés* avec un luxe de menaces qu'il faut avoir *vu* pour y croire. A la fin cependant *s*'étant bien *doutés* qu'un de *ces* quatre matins mes *garde-malade* seraient impuissants à me retenir, mes docteurs *se* sont galamment *exécutés*, et la liberté m'a été *rendue*. Tu devines sans peine que *leur* ordonnance a *été reçue* cette fois d'une *tout* autre manière que celles qui l'avaient *précédée*. *Quant* à eux, sans le respect qui est *dû* à la médecine, je les aurais, je crois, *embrassés*.

J'étais donc libre! *Dès* le premier jour, j'ai *voulu*, *quelle que fût* encore ma faiblesse, prendre possession de mon cher trésor. La pensée ne m'est pas *même venue* que, *vu* les circonstances *où* je me trouvais, j'avais le plus grand intérêt à ce que ma première excursion *fût faite* d'une certaine manière *plutôt* que de *toute* autre. *Tout ce* que je voulais, c'était de partir au *plus tôt*, et d'aller vite; et *tel était* mon désir, mon impatience, que j'aurais, je crois, *enfourché* la foudre et les vents, si *ces* véhicules *se* fussent *trouvés* à ma disposition : Icare sortait *sûrement* de maladie lorsqu'il *se* fit attacher aux épaules ses fameuses ailes ; moi, j'ai *pris* simplement le bateau à vapeur.

69.

DE LA MONOTONIE DANS LES ARTS.

I.

Je t'envoie, *rédigée* comme je l'ai *pu*, et, je crois, comme tu l'as *voulu*, la relation dont tes sommations *réitérées* ont *fini* par m'arracher la promesse. *Dieu!* que tu aurais bien *été* la plus fine fleur d'huissier qu'il y ait jamais *eu! Pourvu*, du moins, que je ne me *voie* pas maintenant *chicané* et *instrumenté*, non pour le fond, mais pour la forme! *Toutefois* je me crois à peu près *sûr que ce* n'est pas à une description académique que tu t'es *attendu:* nous nous sommes si bien et si souvent *ennuyés* à de pareilles lectures, que certainement la pensée ne peut t'être *venue* de me soumettre à une tâche semblable. Car, sans être des *Pylades* et des *Orestes*, nous nous sommes *donné* assez de preuves d'attachement pour ne pas venir aujourd'hui : toi, m'imposer une peine que *toute* ton amitié ne voudrait pas être *condamnée* à subir pour moi, *quelque* vive et sincère qu'elle puisse être; moi, t'obliger à lire des pages insipides que, me *fussent-elles venues* de toi, je jetterais au feu, aussitôt que se serait *exhalée* la moindre émanation de la moindre fleur de rhétorique. Je n'entends pas par *là* qu'il faille faire un crime aux auteurs d'avoir *disposé* et *coordonné* les matériaux que leur avait *fournis* le sujet; ou bien *choisi* et *poli* avec une attention minutieuse les expressions dont ils se sont *servis*. Non. Ce que je crains, c'est la phrase, c'est la période plus ou moins *carrée*, mais toujours *compassée, mesurée, alignée*. Il est bien évident que, si *toutes* vos pensés sont *contraintes* à passer par des sortes de filières, ou *coulées* dans des espèces de moules, *ces* filières et *ces* moules étant en nombre très *restreint*, comparativement à la nature, qui est infinie, il y aura une foule de situations naturelles que vous serez *forcés* de rendre à l'aide d'un seul et *même* type : ce qui produira des répétitions de forme, que l'on ne pourra *s'em*pêcher de trouver *choquantes, ou tout* au moins monotones.

70.

DE LA MONOTONIE DANS LES ARTS.

II.

C'est à une cause *toute* semblable qu'est *due* la monotonie dans les autres arts, *quels qu*'ils soient. En voici un exemple *emprunté* au théâtre.

Nous nous étions un jour *laissés* aller, deux de mes amis et moi, à une fantaisie de spectacle, *entraînés* par les éloges *bruyants* dont, à l'*envi*, la presse *tout* entière avait *retenti* au sujet d'une pièce *toute* nouvelle, et surtout d'une actrice que l'on élevait aux nues à cause de la précocité de son talent. La pièce était réellement des plus *intéressantes* que j'eusse *vu* jouer ; *quant* à l'actrice, elle ne me sembla pas trop *au-dessous* des éloges qu'on en avait *faits ;* mais elle fut *jugée* bien *au-dessus* par les autres spectateurs. *Ce* furent des applaudissements, des acclamations, des cris comme jamais je n'en avais *entendu ;* des trépignements, des transports comme je n'en ai *vu* jamais.

La chose avait ainsi *duré* plus d'une heure et *demie;* et, à mon grand désespoir, ni mains, ni larynx ne semblaient *fatigués.* Mes deux amis *se* signalaient parmi les plus enthousiastes, et comme ils *s*'étaient *placés* l'un à ma droite, l'autre à ma gauche, *leur* admiration m'avait *agi* sur les nerfs plus que ne l'avait *fait* celle des autres. Votre actrice, *leur dis-je* enfin *impatienté*, est *endormante* à force de monotonie ; et, sans *tout ce* bruit et *ce* vacarme qu'il y a *eu* autour d'elle *jusqu'à* cette heure, personne ici ne serait *éveillé.*—Qu'*oses-tu* dire ? — Ecoutez sa phrase, *notez-en* les intonations et inflexions : c'est comme une fusée, qui, une fois *partie, s*'en va *montant* et *décrivant* sa courbe elliptique, puis tombe toujours uniformément de la même manière.

Tiens! c'est vrai, dit l'un. Tiens ! je ne l'avais pas *remarqué*, ajouta l'autre. En *quelques* moments la contagion *gagnant* de proche en proche, la pièce n'était pas *finie* que presque *toute* la salle était *désillusionnée.*

71.

LA SEINE EN AVAL DE PARIS.

Qu'ils sont frais et *riants* les paysages *arrosés* par la *Seine!* A peine *étions-nous sortis* de *Paris*, *déjà* mille sites gracieux s'étaient *offerts* à nos regards ; *déjà mille* tableaux *ravissants* avaient *passé* devant nous sous la forme toujours *changeante* de villages *charmants,* de coquettes villas et de châteaux pittoresques, tantôt *perdus* parmi des taillis *luxuriants* de verdure, ou des futaies aussi vieilles que le sol qui les a *vues* naître, tantôt fièrement *postés* sur quelque arête de colline, *au-dessus* d'un ravin. Entre nous et *Paris s'*étendait dans un espace de *quelques milles* une plaine *toute coupée* de ruisseaux, de routes, de voies de fer ; *divisée* en cultures de *mille* couleurs ; et *semée* de maisons, d'usines, de jardins : au milieu coulait la *Seine*, *serpentant* mollement parmi les champs, les prairies et les fleurs.

La grande ville avait presque *tout* entière *disparu* dans une brume vaporeuse. Nous n'en *voyions* plus que les monuments et les monts, *se dressant* dans le lointain, et comme *s'élevant* d'un nuage, ainsi que les guerriers qu'a *chantés Ossian*. Nous en étions *suivis, accompagnés* comme par les yeux d'un portrait *aimé.* Un moment nous *croyions* les avoir *perdus*, mais l'instant d'après, ils avaient *reparu*, au bout de *quelque* clairière qui semblait leur avoir *été ménagée. Telle* une mère, au départ de sa fille *chérie*, dont elle va *se* voir *séparée peut-être* pour toujours, revient et revient encore, *tout* en larmes, embrasser et bénir son enfant *bien-aimée.*

*C'*est une observation qu'il m'était *arrivé* de faire plus d'une fois *déjà*, que, deux ou trois portes *exceptées*, par *quelque* côté que vous soyez *sortis* de *Paris*, il vous est *fait* une sorte de solennelle et mystérieuse conduite par *ces* génies que *ses* mains ont *créés; et* qui, *planant au-dessus* de *leurs* piédestaux immortels, étendent au loin *leurs* regards et *leurs* bras comme pour vous protéger.

72.

UN SOUVENIR DE LA VIE DE MONTAGNES.

*C'*était, je crois, en *mil-huit cent-dix-sept.* Je descendais l'*Isère* en compagnie de *quelques* personnes, parmi *lesquelles se* trouvait un de *ces* vieux grenadiers de la *Garde* dont on a tant *parlé.* L'attention de *tous* était particulièrement *attirée* sur lui à cause d'une action de courage *toute* récente. Il avait *tué quelques* jours auparavant, un ours des plus gros que l'on *eût vus* depuis longtemps dans *ces* montagnes. Voici ce que *lui-même* nous raconta.

« J'étais, » nous *dit-il,* « avec plusieurs amis, *attablé* dans un cabaret, lorsque, *tout-à-coup, se* sont *précipités* au milieu de nous, *tout tremblants* et *tout effarés,* deux chasseurs, qui, après avoir *refermé* et solidement *barricadé* la porte, nous ont *assuré* qu'ils venaient d'apercevoir un ours énorme, *là, tout* près, au bas d'une colline, au fond du verger. Quoi! leur *ai-je dit,* vous étiez deux contre un, et vous avez *fui?* J'y vais, moi. Et, *quelques* représentations qu'ils m'aient *faites, prenant* un de *leurs* fusils, qu'ils avaient *posés* contre la muraille, je suis *sorti.*

« L'ennemi n'a pas *tardé* à *se* montrer, ni moi à lui adresser une des deux poignées de dragées que renfermait mon arme. Aux rugissements effroyables qu'il a *poussés,* et dont je crois que *toutes* les montagnes ont *dû* retentir *jusqu'à Grenoble,* je me suis *dit : Touché!* Et j'ai *attendu.* Cependant la bête s'est *couchée tout* de son long, et s'est ainsi *laissée* rouler jusqu'à moi parmi les broussailles de la colline. Je l'avais *prévu,* et j'ai *pu,* avant qu'elle *se relevât,* lui administrer par l'oreille ma dernière décharge. Ensuite j'ai, non pas *fui,* mais *battu* en retraite *jusqu'*à un arbre. Mais le peu de force que mes deux coups avaient *laissée* à mon adversaire, ne lui permettait plus une longue lutte. Je suis *revenu* sur mes pas, et je l'ai *assommé.* Voilà. Si vous désirez goûter de sa chair, quoique bien du monde en ait *déjà mangé,* il en reste à votre service. »

75.

LE PETIT PATISSIER.

Un gros garçon qu'à son costume on reconnaissait *tout* de suite pour un apprenti pâtissier, *s'en* allait *marchant* avec *mille* précautions le long d'une rue ordinairement très *fréquentée*, et, en ce moment surtout, *remplie* et *encombrée* de *passants affairés, allant, venant, se croisant, se coudoyant, préoccupés* d'une seule chose qui était d'arriver *plus tôt*. L'enfant portait sur sa tête du beurre et des œufs, pour *lesquels* l'avait *déjà fait* trembler plus d'une secousse *imprimée* à la corbeille *où* ils étaient *renfermés*. A la fin, *quelques* constants efforts qu'il *eût faits* pour maintenir l'équilibre sur sa tête, la corbeille chavira avec *tout* ce qu'elle contenait, *sens-dessus-dessous, sali, abîmé, perdu*. Et le pauvre petit se mit à fondre en larmes.

La foule *s'était amassée* autour de lui, compacte mais indifférente, lorsque heureusement est *venue* à passer une de ces bonnes personnes, *obligeantes* par instinct, que le bon Dieu, je crois, a *faites* d'une *tout* autre matière que les autres pour le soulagement et le bonheur d'autrui. Elle *s'est approchée* de l'enfant, et a *commencé* par lui mettre dans la main une pièce de *cinquante* centimes ; puis *stimulant* les uns, *gourmandant* les autres, elle *s'y* est *prise* avec tant d'adresse que les sous et les pièces blanches *même se* sont *accumulés* dans le tablier du petit malheureux, *au-delà* de ce qu'il fallait pour réparer le dégât.

L'enfant, sur le visage *duquel* la plus vive joie avait bientôt *succédé* à la douleur, *s'est mis* alors à compter sa recette, qui *s'est trouvée* de *vingt-deux* francs ; ensuite il a *tiré* de sa poche la facture des œufs et du beurre *perdus, laquelle* était de *quatorze* francs, *vingt-cinq* centimes, qu'il a *prélevés* sur les *vingt-deux* francs, et soigneusement *serrés* dans sa bourse ; puis *avisant* dans la foule une femme qui lui a *semblé* plus pauvre que les autres, il lui a *porté* les *sept* francs, *soixante et quinze* centimes *restants*, qu'il l'a *forcée* d'accepter. Et il a *repris* son chemin, au milieu d'applaudissements unanimes.

. 74.

L'HOMME EST BON.

Deux enfants, *jouant* sur le bord de la rivière, *s'étaient laissés* tomber à l'eau, et, *déjà* ils avaient *disparu* l'un et l'autre. Vainement un grand nombre de personnes s'étaient *empressées* d'accourir : *leurs* cris, *leurs* efforts, *quels* qu'ils fussent, *se* trouvaient, ainsi que *leur* bonne volonté, *rendus* inutiles par *leur* ignorance de la natation, et par l'absence de *tout* moyen de sauvetage. En ce moment passaient sur le quai deux gendarmes, entre *lesquels* marchait un individu de mine assez mauvaise, que sans doute ils étaient *chargés* de conduire à la prison voisine. Aux cris qu'ils avaient *entendu* pousser, les deux militaires, *cédant* à la curiosité, s'appuient sur le parapet, et *se* mettent à regarder *ce* qui *se* passe en bas, sans plus songer à la consigne que *s'ils* n'en avaient pas *reçu*. *Tout-à-coup* ils aperçoivent, qui? *leur* prisonnier, qui, *fendant* la foule, *se* jette à l'eau *tout* habillé.

On a *eu* alors sous les yeux une double scène : l'une triste, *saisissante;* l'autre véritablement trop *plaisante* et trop comique pour qu'elle puisse être *rendue*. Arrêtez cet homme! hurlaient les gendarmes, *tremblant* qu'il ne *leur échappât* par l'autre rive. Bravo! courage! criait la foule au nageur. Et *quels* applaudissements n'ont pas *éclaté* lorsque bientôt il est *revenu* avec un des deux noyés encore *vivant!*

Cependant, ne *se voyant* pas *obéis*, les deux *grippe-jésus* s'étaient *décidés* à aller prêter *eux-mêmes main-forte* à la loi. Mais, avant qu'ils *s'en* fussent *doutés*, ils s'étaient *vu* étendre très proprement sur le sable par deux *crocs-en-jambe* fort adroitement *passés*, *accompagnés* de deux mouvements de bras *tout* aussi habiles ; et *leur* homme *s'était* de nouveau *élancé* dans la rivière. Une récompense était *due* à tant de courage, elle ne *s'est* pas *fait* attendre. Mais pendant que les spectateurs étaient *tout* aux soins que réclamaient les deux pauvres petites créatures, *leur* sauveur *s'en* est *allé*, avec *ses* habits *tout ruisselants* d'eau, mais avec un air magnifique de conscience *satisfaite, se* replacer entre *ses* gardiens, qui étaient *tout* penauds et *tout* ébahis.

75.

LA GLOIRE.

Si la gloire est une illusion, *c'est* une des plus douces, une des plus *enivrantes* par *lesquelles* l'âme *se* soit jamais *laissé* captiver et séduire ; et *quoi que* l'on dise des cruelles déceptions dont elle *s'est vue quelquefois suivie*, il est fort douteux que les hommes puissent en être *guéris* jamais. *Devons-nous* nous en montrer *affligés ?* non : *tout* fâcheux, *tout* irréparables *même* qu'ont *paru* à des esprits chagrins les maux qu'elle a plus d'une fois *entraînés* après elle, nous sommes *forcés* d'avouer que *c'est* à elle que sont *dues* le peu de nobles et grandes choses que nous avons *rencontrées* et *admirées* dans la vie des peuples. Par quoi, en effet, si *ce* n'est par l'amour de la gloire, les hommes *se sont-ils* toujours *sentis portés* à *ces* actions *éclatantes* que *tous, quels que* nous soyons, nous sommes *convenus* de regarder comme belles et sublimes ? Par quoi, sinon par le désir d'être *admirés* et *applaudis*, ceux que vous avez *vus se* dévouer pour sauver leurs semblables, *ont-ils été mus*, lorsqu'ils *se* sont, comme en aveugles, et sans tenir compte de *leurs* intérêts, ni de *leur* famille, de ni leur vie *même, précipités*, qui dans les eaux *tourbillonnantes* d'un gouffre pour *leur* arracher *leur* proie, qui dans les flammes d'un incendie pour *leur* disputer *quelque* victime, qui *au-devant* de la mitraille pour la défense du pays et de la liberté ? *Auriez-vous* en sculpture, en peinture, en architecture, *ces chefs-d'œuvre* que vous admirez ; *auriez-vous ces* œuvres de littérature, dans *lesquelles*, plus encore que dans *toute* autre création du génie de l'homme, *se* trouve *empreinte* son origine *toute* divine, si la peine n'avait *été allégée*, la patience *soutenue* par l'amour de la gloire et l'espoir de l'immortalité ?

76.

DE LA CRUAUTÉ CHEZ LES ENFANTS.

Les enfants *sont-ils nés* cruels? Bien des gens *se* sont
prononcés pour l'affirmative; mais ils *se* seraient *aperçus, s'ils* y eussent *réfléchi*, que la nature ne *s'*est pas
montrée si injuste envers nous. Il est bien certain que
nous en avons *reçu* à notre naissance *tous* les mauvais,
comme *tous* les bons instincts, car sans cela elle ne nous
eût pas *faits* libres; mais qui ne voit pas que les développements en sont *dus* à l'exemple et à l'éducation? Voyez
ces enfants sur *lesquels* une famille *pénétrée* de *ses* devoirs,
ou un instituteur consciencieux exerce incessamment
une douce et paternelle surveillance: avez-vous *remarqué* que, lorsqu'ils *se* sont *oubliés* jusqu'à s'être *rendus*
coupables de *quelque* acte cruel, il *leur* a toujours *suffi*,
pour être *ramenés* à des sentiments humains, d'un simple appel à *leur* bon cœur? *Quant* à ceux qui *se* sont
vus livrés de si bonne heure par la misère de *leurs* parents
à *toutes* les impressions de la vie des rues; *quant* à ceux
dont les familles indifférentes *se* sont comme *débarras-
sées* en les *consignant* dans *quelque* école, sans *même* s'être
assurées si elle *leur* offrait de suffisantes garanties:
comment *voulez-vous* que *leurs* méchants instincts ne *se*
soient pas *fortifiés?* Pour moi, je serais surpris qu'il en
fût autrement. *Représentez-vous* de combien d'espié-
gleries cruelles l'école et la rue n'ont *cessé* d'offrir l'appât
à *ces* pauvres êtres inexpérimentés. Sans parler de *ces*
luttes atroces, *excitées* entr'eux ou *applaudies* par une
foule imbécile et inhumaine; sans parler des sévices
barbares à *tout* moment *exercés* sous *leurs* yeux sur des
animaux sans défense, *serait-il* possible que le peu d'humanité que *leurs* jeunes cœurs auraient *conservée, résis-
tât* au spectacle des querelles, des rixes souvent san-
glantes dont *leurs* parents *mêmes* les ont chaque jour
rendus témoins?

77.

DIEU SEUL EST GRAND.

Quelque grande que soit la puissance humaine, qu'*est-elle* auprès de celle de *Dieu?* qu'*est-elle* auprès de cette puissance éternelle et souveraine par *laquelle* toutes choses ont été *créées?*

Un conquérant a *porté* au loin ses armes victorieuses; *toutes* les nations, *quelque* belliqueuses qu'elles *se* fussent auparavant *montrées,* ont *fui* d'épouvante à son aspect! tous les rois *réputés* jusqu'alors invincibles ont *tremblé* devant son épée redoutable. *C'est* en vain que, *revenus* d'un premier effroi, *ces* rois et *ces* nations *se* sont *ligués* et *concertés* contre l'ennemi commun; *c'est* en vain que la terre *s'est vue rougie* de *leur* sang généreux : ligues, efforts et vaillance, *tout* a *disparu, dissipé* et *anéanti* par le glaive de *ce* nouvel ange exterminateur; tout a *plié,* tout *s'est tû* devant sa face, sous la verge sanglante dont le ciel *ou* l'enfer avait *armé* sa main.

Eh bien, qu'*est-ce* que cette grandeur? Je l'ai *demandé* aux ruines *mêmes* dont elle *s'est formée;* et les ruines m'ont *répondu :* Naguère il y a *eu là quelque* chose que les hommes ont longtemps *appelé* une puissance ; *ce quelque* chose *s'était établi,* il y a *quelque dix-huit cents* ans, exactement comme vient de le faire la puissance qui lui a *succédé,* et comme tant d'autres l'avaient *fait* auparavant, dans les temps anciens. *Toutes* sont *tombées ;* et, avant *peut-être* qu'il *se* soit *écoulé* bien des années, quelqu'un viendra aussi chercher cette grandeur, aujourd'hui *proclamée* impérissable, parmi les ruines *où* elle se sera *engloutie.*

Hommes vains, dont la faiblesse est *attestée* par les monuments *mêmes* qu'ils ont *élevés* à leur puissance !

78.

DAMOCLÈS.

I.

En quoi donc te *semblé-je* si heureux? disait à son flatteur *Damoclès* le tyran *Denys. Eh* quoi! Seigneur, répondit le courtisan, y *a-t-il* donc jamais *eu* un roi plus riche et plus puissant? Les palais que vous avez *fait* élever, les monuments dont *s'* est *vu* couvrir par vos mains la *Sicile tout* entière, ne *sont-ils* pas d'une telle magnificence que ceux de *Babylone même* n'en auraient pas *approché?* Que seraient, *comparées* aux trésors *accumulés* dans la seule citadelle de *Syracuse, toutes* les richesses tant *vantées* de *Crésus,* bien qu'il passe pour en avoir *possédé* plus que *tous* les rois de son siècle, et qu'elles aient *fait* de son nom le type de l'opulence? *Est-ce* que jamais les plus voluptueux monarques d'*Assyrie, quoiqu'*on nous les ait *représentés* comme *nageant* dans les plaisirs, ont *porté* aussi loin que vous l'avez *fait,* seigneur, la somptuosité et la délicatesse des festins? *C'*est par vous que les délices de *Syracuse* sont *devenues proverbiales;* et nous *pourrions* en prendre *à témoin* une multitude d'hommes célèbres, de philosophes *même,* que nous avons *vus* venir au milieu de nous, oublier la gloire et la sagesse pour le plaisir et la volupté. Oui, prince, si le ciel vous a *fait* le plus grand des rois, convenez qu'il vous en a *fait* aussi le plus heureux.

Puisque cette vie te paraît si *remplie* de charmes, lui dit le tyran, *veux-tu, Damoclès,* la partager avec moi? *Ah!* répondit le flatteur, les *Dieux mêmes,* les *Dieux* n'oseraient espérer *davantage. Eh* bien, ajouta Denys, que tes vœux soient comblés, je te *crée dieu dès* ce jour *même.*

79.

DAMOCLÈS.

II.

Aussitôt le *roi* ordonne qu'une table soit *dressée* avec plus de somptuosité qu'on *n'*en avait *déployé jusque-là*. La salle était *toute tendue* de soie et d'or; les lits *ornés* de pourpre tyrienne deux fois *teinte;* et le sol *couvert* des plus riches tapis que jamais *eût envoyés* l'orient. Toutes *ces* magnificences étaient *rendues* plus *éblouis-santes* encore par les feux d'une multitude de flambeaux, dont les rayons *étincelants, brisés* et *multipliés* à l'infini, rendaient une lumière aussi vive que celle du soleil. Sur la table *se* voyaient les mets les plus exquis que l'art *eût imaginés,* et les vins les plus fameux qu'eussent *produits,* non seulement les coteaux si justement *vantés* de la *Sicile* et de l'*Italie* , mais ceux *même* de la *Grèce,* et d'autres contrées plus *éloignées.* Les tapis étaient *jonchés* de fleurs, dont les parfums, *mêlés* à ceux de mille cassolettes d'or, remplissaient l'âme et le corps *lui-même* d'une molle ivresse dont ils étaient *tout* entiers *pénétrés.* *Damoclès* était heureux; il avouait que jamais joie plus pure, volupté plus douce ne *s'était emparée* de *ses* sens.

Tout-à-coup, ses yeux *s'*étant *levés, peut-être* pour rendre grâce aux *Dieux, voilà* qu'il aperçoit *suspendue* au plafond par un crin de cheval, une épée nue, *flamboyant au-dessus* de sa tête. Aussitôt son âme est *livrée* à plus de terreurs qu'elle n'avait *goûté* de plaisirs. *Ses* yeux, comme *fascinés* par le *brillant* de l'acier, ne peuvent *se* détacher de l'arme *menaçante.* En vain le tyran le *rappelle* aux transports de joie que *tout-à-l'heure* il a *fait* éclater. Il n'écoute, il n'*entend* rien; il ne voit que l'épée redoutable *toute* prête à tomber sur sa tête. A la fin, *demi-*mort d'effroi, il demande d'une voix *trem-blante* de *se* retirer, ne *voulant* plus être heureux.

80.

LE VOLEUR ET L'AVOCAT.

La force *armée s'*était *saisie* d'une bande de voleurs, dont la plupart *avaient eu déjà* plus d'une fois maille à partir avec la *Justice*. Presque *tous* portaient*empreints* sur *leurs* physionomies atroces les caractères de *leur* horrible profession. Un seul *se* faisait remarquer par un air et un maintien assez *décents ;* le regret et le repentir *se lisaient* sur sa figure *toute* marrie et *tout* éplorée. Dans le choix des avocats, qui *tous* furent *nommés* d'office, il échut à un *tout* jeune homme, pour qui c'était la première cause qu'il *eût eue* à plaider. Notre *Cujas* en herbe descendit dans la prison de son client pour en obtenir *quelques* données plus *sûres* que celles qu'il avait *eues* par l'acte d'accusation.

D'après les *dires* du voleur, sa vie avait *été* longtemps exempte de *tout* reproche, et assurément, sans la misère, elle n'aurait jamais *cessé* d'être celle d'un honnête homme. Mais *quelle* est l'âme d'un mari, d'un père, qui aurait *résisté* au spectacle d'une épouse *exténuée* et *mourante, se tordant* avec *ses* trois enfants dans les angoisses de la faim, et lui *demandant* du pain avec des cris *déchirants ?* De perfides conseils avaient *fait* le reste. Maintenant, il savait bien que ni pardon ni indulgence ne lui *étaient dus ;* que la misère et le repentir ne *pouvaient* pas faire que *ses* vols ne fussent pas des vols, etc., etc.

Le jeune homme sortit l'âme *tout* émue, et il *se* mit à marcher devant lui, l'esprit et surtout l'imagination et le cœur *tout remplis* de *cette* affaire. Il arriva ainsi au jardin du *Luxembourg. Là,* tantôt *arpentant* à grands pas les allées fraîches et solitaires, tantôt *s'asseyant* sur les bancs de pierre dont elles sont *garnies* de *chaque* côté, il avait *composé* une défense des plus pathétiques *peut-être* qui soient *sorties* d'une tête jeune et enthousiaste, lorsque, ayant *voulu* regarder l'heure, il *s'*aperçoit que sa montre avait *disparu.*

81.

LA CHÈVRE ET LE LOUP.

I.

Une vieille chèvre, à qui les années avaient *donné* une grande expérience, n'avait *cessé*, en bonne mère qu'on l'avait toujours *vue*, de prémunir *Chevrette*, sa fille, contre les dangers de *toute* sorte dont la vie est de *toutes* parts *environnée*. Ne va jamais, lui *avait-elle dit* souvent, trop loin des chiens et du berger *préposés* à notre garde. Mais *défie-toi* surtout des gens qui viendront à toi avec des airs *caressants* et des paroles *toutes* mielleuses. Le peu d'habitude que ton jeune âge t'a *donné* de la vie, ne te permet pas de voir le poison et la perfidie *cachés* sous *ces* propos *séduisants ;* mais *rappelle-toi* les conseils de ta mère, et *conformes-y* ta conduite.

Et la pauvre vieille mourut, *soit emportée* par l'âge, *soit tuée* par quelque boucher de hameau, une veille de dimanche, pour être *servie* en guise de mouton sur la table des pratiques.

Quant à *Chevrette*, depuis longtemps *déjà* elle s'était *attribué* bien plus de raison et d'intelligence que *toutes* les chèvres ensemble, sa mère *y comprise*, n'en avaient *reçu* de la nature, ou *gagné* par une longue vie. *Méprisant* donc des avertissements qu'elle avait toujours *regardés* comme *dictés* par une vieillesse chagrine et radoteuse, elle s'était *accoutumée* à aller bondir, folle et pétulante, sur les pointes *aiguës* et les aspérités sauvages des rocs les plus *écartés*. *De là*, se disait notre *étourdie*, je n'ai à redouter aucun des *prétendus* dangers dont ma mère a tant *cherché* à me faire peur. Viennent quand ils le voudront, les gens à la bouche *emmiellée*, avec les plus beaux compliments et les paroles les plus *séduisantes* que jamais ait *ouï* débiter une jeune personne, je ne serai ni très *fâchée*, ni, je crois, très *exposée* en les *écoutant*.

32.

LA CHÈVRE ET LE LOUP.

II.

Elle avait à peine *fini* qu'un loup, lui *adressant* la parole du bas de la montagne : *Descends*, lui *cria-t-il*, *Chevrette* gentille, ne *dérobe* pas plus longtemps à la vue de tes admirateurs les grâces incomparables dont nous savons que t'a *pourvue* si généreusement la nature. Merci, mon *bel* ami, *répondit-elle* en *riant* de *toute* sa force ; mais *dites* à mes admirateurs qu'ils n'auraient pas *dû*, *quelle que* soit votre éloquence, m'adresser de si loin un compliment si joli. Je trouve peu galant qu'ils ne soient pas *montés* ici, au lieu de m'avoir *fait* proposer de descendre *moi-même*. *Oh!* reprit le loup, si *tous* les points accessibles de cette roche n'étaient pas *gardés* par je ne sais *quels* geôliers *tout* rébarbatifs, dont la jalousie sans doute t'a *jusqu'ici cachée* à *tous* les regards, crois bien que la distance qui nous tient *séparés*, n'aurait pas *tardé à se* voir *franchie*, *quelque* grande qu'elle puisse être. Mais, observa *Chevrette*, vous êtes donc des loups *dévorants*, puisque vous vous êtes *vu* interdire *tout* passage par mes gardiens ? Non, répondit la méchante bête ; nous sommes des êtres comme toi bons et inoffensifs, comme toi *paissant* l'herbe tendre des prés et des montagnes, sans que jamais parcelle de *chair crue ou cuite* ait *pénétré* dans notre estomac ; et nous venons à toi *attirés* par l'éclat de ta beauté sans pareille, car on *n'*en a jamais *vu* d'aussi *brillante* sous le ciel.

Et l'imprudente, à qui sa vanité avait *persuadé déjà* que *ces* éloges n'avaient rien d'*exagéré*, donna dans *ce* piége grossier, *auquel* tant d'autres avant elle *s'étaient laissé* prendre. Elle descendit la montagne par des sentiers à elle *connus*, ne *s'étant* pas *même doutée* du danger que cachait l'appât trompeur de *ces* perfides louanges. *Quand* les chiens et *leur* maître, *accourus* à *ses* cris, furent *arrivés*, elle avait *cessé* de vivre, et ils n'en trouvèrent plus que *quelques* restes encore *palpitants*, *dispersés çà* et *là* sur l'herbe *ensanglantée*.

85.

LES ANCIENS ET LES MODERNES.

Les littérateurs modernes l'*ont-ils emporté* sur les anciens, comme l'ont *avancé* beaucoup d'hommes *éclairés ;* ou les anciens *sont-ils restés* supérieurs aux modernes, comme un grand nombre d'autres l'ont *prétendu?* Question au moins oiseuse, qui, cependant, *attendu* la prodigieuse vanité inhérente à notre espèce, *s'est vu* agiter et débattre sérieusement dans *tous* les temps et chez *tous* les peuples ; mais surtout en France, au commencement de *ce* siècle, *où* la dispute *s'est ravivée* avec plus de force, sous des chefs et des bannières *distinctes,* et sous les appellations plus ou moins justes de classiques et de romantiques.

Cette lutte, à *laquelle* tant *d'avantages* littéraires auraient *pu* être *dus,* si les antagonistes *se* fussent *davantage possédés,* a *dégénéré tout* d'abord en une querelle sans dignité, *où* l'on a *vu* d'un côté les partisans de l'imitation servile, *s'opposant* à ce que la moindre innovation *fût introduite ;* de l'autre ceux de la libre émission de la pensée, *proclamant* qu'il n'y a de règle que la fantaisie, et de modèle que la nature. L'une et l'autre de *ces* doctrines *avaient* le tort d'être trop *absolues ;* mais *celle* des romantiques *eût-elle* mieux *valu* en réalité, le peu de modération et *même* de décence qu'ils ont *montré,* n'était pas *fait* pour *leur* concilier l'opinion. Aussi n'*a-t-elle* pas *tardé* à *se* retirer d'eux et à les désavouer.

En somme, qu'*est-il arrivé* des œuvres du romantisme? c'est que le peu de pages vraiment bonnes qu'il a *produites,* se trouvent, sans doute à son insu, *écrites* d'après *ces* règles *mêmes* contre *lesquelles* il avait tant *crié ;* et que le reste est *demeuré* une sorte de fouillis et de *bric-à-brac littéraires, où* il y a de tout sans goût et sans choix : à peu près comme, chez certains marchands de costumes de bal, *se* voit *confondue* la grave robe du magistrat avec les bosses de *Polichinelle,* ou la défroque *bigarrée* d'*Arlequin.*

7

84.

L'ESPÉRANCE.

Lorsque la terre *se* voit *inondée* par des pluies inces-
santes, qui, *déjà* l'ont *pénétrée* profondément, et *privée*
de *tous* les sels précieux *auxquels* est *due* sa fécondité,
tous sont *plongés* dans la désolation et le désespoir.
Mais si *tout-à-coup* un rayon de soleil, *entr'ouvrant* les
nuages, a *découvert* un coin, *quelque* petit qu'il soit, de
l'azur du ciel ; *ou* si, vers le soir, les *brillantes* couleurs
de l'*arc-en-ciel* se sont *dessinées* à l'orient, à l'instant
même est *rendue* à notre âme *toute* sa joie, à *laquelle* elle
avait presque *renoncé*. *C'*est qu'elle a *lu* dans *ces* signes
heureux de *sûrs* présages de jours meilleurs. *Ce* regard
du soleil, qui nous a *souri* du haut des cieux, *cette* écharpe
aux vives couleurs, par *laquelle* a *été récréée* et *rassérénée*
notre âme, c'est l'espérance.

Lorsque la vertu est près de succomber, *ayant vu*
tomber *tout* ce qui lui avait *servi* d'appui ; lorsque, *portant* autour d'elle *ses* regards *tremblants*, elle a *reconnu*
la faiblesse et le dénuement *auxquels* elle est *réduite* en
face de *ses* ennemis *triomphants*, d'*où* vient que pour
elle la lutte n'a pas encore *cessé* ? *C'*est que *ses* yeux ont
aperçu quelque part, dans l'air, elle ne sait *où*, *quelque*
chose d'*étrange*, qu'elle n'a pas *défini*, mais qui l'a *rassurée*. *C'*est l'espérance.

De sombres nuages ont *surgi menaçants* de *tous* les
points de l'horizon, et bientôt ils ont *envahi* le ciel,
parmi les sifflements aigus des vents et les éclats *roulants* du tonnerre. Le ciel et la terre, *mêlés* et *confondus*,
paraissent tantôt *embrasés* par les feux non *interrompus*
des éclairs, tantôt *brisés* et *fracassés* sous les carreaux
retentissants de la foudre. *Toutes* les créatures que Dieu
a *douées* de sentiment, sont *plongées* dans la terreur ;
et l'on voit les animaux *errant* çà et *là*, *tremblants*, dé-
sespérés, *privés* de l'instinct *même* de *leur* conservation.
Quant à l'homme, il tombe à genoux et prie : la prière,
n'est-ce pas l'espérance ?

85.

LA PATRIE.

S'est-il jamais *rencontré* des hommes qui, *forcés* d'abandonner *leur* patrie, ne *se* soient pas *sentis émus* et *déchirés* jusqu'au fond de l'âme, comme si, désormais, *toute* joie, *tout* bonheur *était perdu* pour eux ? Y en *a-t-il eu* d'assez insensibles pour que *leurs* larmes n'aient pas *coulé,* quand il *leur* a *fallu* s'arracher des bras de *leurs* amis et de *leurs* familles *désolés ;* mais surtout, et bien *davantage* encore, lorsque, les yeux *fixés* sur les côtes de plus en plus lointaines de cette patrie *adorée,* ils les ont *vues se* dissiper enfin comme une vapeur légère, et disparaître à l'horizon ? Et *quels* transports n'ont pas *éclaté* lorsque, revenus, *même* après un court voyage, ils ont *commencé* à apercevoir, *dessinés* dans la brume du ciel, *ces* bords si *connus,* et *appelés* de tant de vœux ; puis la montagne *au pied* de *laquelle* ils savent qu'est *située leur* ville *ou leur* hameau ; puis enfin l'habitation, *fût-ce* la plus humble chaumière, *où se* sont *écoulés leurs* premiers ans ?

Quelle que soit la contrée qui nous a *été donnée* pour patrie, nous l'aimons ; *quelque* abrupte et sauvage que d'autres la disent, elle nous *plaît ;* et, pour nous, c'est la plus charmante que Dieu ait *faite,* la plus belle qui soit *sortie* de *ses* mains. *Un* amour si *vif,* une affection si profonde, que l'on a *vue* aller souvent *jusqu'à* l'idolâtrie, ne *serait-elle* qu'un préjugé, comme l'ont *avancé quelques*-uns ? Non, c'est la nature, bien plus encore que l'habitude, qui l'a *gravée* en nous ; et elle l'y a si fortement *enracinée* qu'elle ne meurt qu'avec *nous-mêmes. Quoi qu'*il en soit, une chose certaine, c'est qu'il n'est pas de sacrifices, *quelque* grands qu'ils soient, que la patrie ne nous voie *disposés* à faire pour elle ; pas de distances que nous ne *soyons déterminés* à franchir pour la revoir quand nous en sommes *éloignés;* pas de dangers, *quelque* affreux qu'ils puissent être, qu'elle ne nous trouve prêts à braver pour sa défense *ou* pour sa gloire.

86.

CAUSES DE LA CHUTE DES EMPIRES.

Étudiées et *approfondies* avec soin, les causes de la décadence et de la chute des *États* sont *reconnues* avoir toujours *été* les *mêmes*.

Comment sont *tombés* les premiers *Assyriens ?* Cette puissance, après s'être *accrue* de presque *tous* les *États* de l'*Asie*, et avoir *passé* des mains de *Bélus* et de *Ninus*, les plus grands rois qu'elle ait *eus*, à *celles* de *Sémiramis*, sous qui elle a *atteint* à l'apogée de la gloire et de la grandeur, a *fini* par tomber dans *celles* de princes *efféminés*, qui *se* sont *succédé jusqu'à Sardanapale*, et qui l'ont *laissée* s'affaisser sur *elle-même* dans la mollesse et la corruption.

Comment *Babylone* et, avant elle, *Ninive se sont-elles vu* précipiter aussi du faîte *où* elles étaient *montées ?* Lisez l'histoire de *leurs* derniers *rois*, et vous serez bientôt *convaincus* que *ces* villes, si longtemps fameuses, mais alors *amollies* par les délices, n'auraient *pu* résister *même* à des ennemis plus faibles que ceux qui les ont *renversées*.

Et *ces Perses* vainqueurs de *Babylone*, qui avaient *subjugué* l'*Asie* presque *tout* entière, *conquis* l'*Egypte*, *fait* trembler la *Grèce*, et *menacé* de leur joug *tout* l'univers, le peu de résistance que *leurs* armées innombrables ont *opposé* à *Alexandre*, n'a-t-il pas *prouvé jusqu*'à l'évidence que les richesses et le luxe les avaient *énervés* et *rendus* incapables de *se* défendre ?

Voyez après eux les *Grecs*, ou les *Romains*, *ou toute* autre nation que *ce* soit. Tant que, fidèles à des mœurs austères et frugales, ils *se* sont *préservés* de la contagion des richesses, on les a *vus se* fortifier et s'agrandir. Mais une fois qu'ils les ont *eu laissé* pénétrer chez eux, ils n'ont pas *tardé* à devenir semblables aux peuples qu'ils avaient *vaincus ;* et *quand* on les a *attaqués*, ils n'ont plus *trouvé* de force que pour courir *au-devant* de la servitude.

87.

L'AMITIÉ.

La véritable amitié a toujours *été regardée* comme le plus grand des biens que le ciel ait *accordés* à la terre. Pas de larmes qu'il ne lui soit *donné* de tarir, pas de douleurs et d'infortunes, *quelles qu*'elles soient, qu'elle ne fasse oublier en les *partageant ;* comme aussi, pas de joie, pas de bonheur qui par elle ne soit *rendu ou* plus agréable *ou* plus vif. Mais aussi combien elle est rare? Qui de nous dira en *quels* lieux de la terre *gît* cette merveille précieuse, que tous les sages nous ont *con seillé* de chercher, *fût-ce* au bout du monde, *jusqu'à ce* que nous l'ayons *trouvée?* A *quels* signes nous *sera-t-elle connue,* au milieu de cette multitude de masques *posés* sur *tous* les visages, et *simulant tous* la plus sincère amitié qu'il y ait jamais *eu?*

En vérité, je vous le dis, plus rare est la perle de l'orient, cette parure *brillante* et *recherchée,* que *jusqu'ici* l'on *n'a trouvée* qu'avec tant de peine sur *quelques* plages de certaines mers ; plus rares sont les diamants et les autres pierres précieuses *enfouis* sous le sol, *où* ils restent *ensevelis* et *cachés* pendant des siècles, *jusqu'à ce* que le hasard les ait *fait* découvrir. Le peu qu'on en voit *étalés* par la vanité et l'opulence, attestent du moins qu'on en a *découvert* et *recueilli ;* mais les amis véritables, les amis qu'on a *vus* rester fidèles dans le malheur, les amis qui n'ont pas *changé* lorsqu'a *changé* la fortune, *où sont-ils?* En *avez-vous rencontré* dans la vie, certains animaux *exceptés?* en *avez-vous rencontré même* dans l'histoire, *excepté* quelques-uns, *tels* qu'*Oreste* et *Pylade, Euryale* et *Nisus,* dont la fidélité *même* a *été* depuis longtemps *reléguée* parmi les fables, tant elle a *paru* invraisemblable aux siècles qui ont *suivi?*

88.

LES MISÈRES HUMAINES.

Quelque favorisée de la fortune que vous semble une personne, disait *Solon*, elle ne *peut être dite* heureuse tant qu'elle n'a pas *satisfait* à la mort. Un ami de *ce* philosophe *s'était vu* frapper d'un si rude coup que *toutes* les infortunes *auxquelles* il voyait *soumise* l'humanité, lui paraissaient légères et *même* nulles, *comparées* à la sienne, et qu'il ne trouvait pas de plaintes assez amères contre les *Dieux* dont la main *s'était appesantie* sur lui. *Solon* le conduisit sur une hauteur *dominant* au loin, d'où la ville *tout* entière pouvait être *aperçue*. Quand ils furent *parvenus* au sommet : *Regarde* à tes pieds, lui *dit-il*, et *parcours* des yeux *toutes ces* habitations dont le sol est *couvert*. Maintenant *considère* dans ta pensée, et *compte*, si tu le peux, les douleurs, les larmes, les sanglots qu'elles ont *vues déjà*, qu'elles voient en *ce* moment, et qu'elles sont *destinées* à voir encore dans la suite des siècles; et *cesse* de regarder ton infortune particulière comme plus intolérable que *toutes* les afflictions *réunies auxquelles*, depuis son origine, *s'est vue condamnée* la race malheureuse des hommes.

Ce même Solon disait encore : S'il était *accordé* aux hommes par les *Dieux* de porter dans un *même* endroit *tous* les maux et *toutes* les misères qui *leur* sont *donnés* à souffrir, à la condition que *ces* maux et *ces* misères seraient *divisés* et *distribués* entre *tous* également, chacun aimerait mieux remporter chez lui ceux qui d'abord lui étaient *échus*, que de prendre sa *quote* part du monceau commun. En sorte que, *quelles que* soient nos souffrances, et *tout* intolérables qu'elles nous paraissent, si nous considérons la masse des peines dont l'humanité *tout* entière est *affligée*, nous nous trouverons *peut-être* les moins malheureux.

89.

LE PAS-DE-LA-BELLE.

I.

Les aventures *attribuées* à des lions, à des *loups-garous*, à des voleurs, et, en général, à des personnages, *quels qu'*ils soient, dont la profession *reconnue* et *avouée* est d'inspirer l'effroi, ont toujours *été fort goûtées*, surtout quand elles *se* sont *trouvées* bien *effrayantes* et bien noires. En voici une *tout attendrissante*, dont le héros principal est un ours.

Il y a dans les *Alpes*, à *quelque* distance de la *Grande-Chartreuse*, un des passages les plus dangereux *peut-être* qu'ait jamais *franchis* un pâtre ou un chasseur de chamois. Il est *pratiqué au pied* d'une roche *menaçante*, *taillée* à pic, et *s'avançant*, comme une arête de gigantesque pyramide, *au-dessus* d'un précipice épouvantable, du fond *duquel s'*entendent, mais sans être *vues*, les eaux *mugissantes* d'un torrent impétueux. Le sentier, qui, presque partout, présente une largeur *suffisante*, mesure à *grand'peine* en *cet* endroit une semelle et demie; et il y porte le nom de *Pas-de-la-Belle*. Voici pourquoi.

Une *toute* jeune fille *s'*était un jour *engagée* dans ce sentier. *Arrivée* au passage dont nous parlons, *quelle* ne fut pas la terreur dont elle *se* sentit *saisie* en *se trouvant face-à-face* avec un ours! Elle poussa des cris *perçants*, et serait *tombée* morte de frayeur, si l'ours ne l'*eût soutenue*, et, avec *toute* sorte de ménagements, *passée* de l'autre côté, en *s'adossant tout* debout contre le roc. Après l'avoir doucement *déposée* à terre, comme l'*eût fait* la personne la plus humaine que nous ayons *connue*, l'animal continua son chemin, sans doute pour que sa présence, *quelque* inoffensive qu'elle *fût*, n'*ajoutât* pas à la terreur de la jeune fille. Des bûcherons, qui avaient *tout vu* d'une roche voisine, accoururent, et firent revenir à elle la *pauvre* enfant *évanouie*.

90.

LE PAS-DE-LA-BELLE.

II.

Quant à l'ours si peu féroce qui avait ainsi *donné* un des plus beaux exemples qui *se* soient *vus* de délicatesse et d'humanité, *peut-être* ne *serez-vous* pas *fâchés* d'apprendre ce qu'il devint. Hélas ! hélas !

Ce n'était pas la première fois que sa vue *s'était offerte* aux bûcherons que nous avons *dits s'être portés* au secours de la jeune fille. A sa première apparition, une telle frayeur *s'était* emparée d'eux qu'ils en avaient *tremblé* longtemps de *tous leurs* membres ; mais cette rencontre *s'étant renouvelée* souvent sans qu'il en *fût résulté* pour eux *aucune* mésaventure, ils *s'étaient* peu-à-peu *rassurés*, et *même accoutumés* à le voir. Or, depuis le jour *où* ils avaient *couru* au secours de la jeune fille dont nous avons *parlé*, la bête *leur* avait *témoigné* plus d'amabilité encore qu'auparavant. *Peut-être* les avait-elle *vus* s'associer à son acte de bienfaisance, et *considérés dès* lors comme des frères en philanthropie. *Quoi qu'*il en soit, elle *s'était* souvent *montrée* à eux, les avait *visités* plus d'une fois sur le théâtre de *leurs* rudes travaux ; et *même*, n'*ayant* pas *dédaigné* un jour d'accepter une partie de *leur* nourriture, qu'ils lui avaient *offerte* d'une main *quelque* peu tremblante, elle avait *fini* par venir régulièrement aux heures de *leurs* repas ; mais toujours elle *s'était contentée* de *ce* qu'ils avaient *consenti* à lui donner.

Toutefois nos bûcherons n'étaient qu'à *demi rassurés* par une frugalité si exemplaire. S'étant *figuré* que, si des crocs et des griffes ont *été donnés* à l'ours, ce n'est pas pour qu'il mange des potages et des haricots, un jour que la bonne bête était *occupée* à boire *plutôt* qu'à manger je ne sais *quelle* pitance que lui avaient *donnée ses* bons amis, ils l'assommèrent à coups de hache.

Soyez donc philanthropes avec des montagnards !

91.

L'ÎLE DES BOSSUS.

Sinbad et son ami *Ali* s'étaient *embarqués* pour une contrée lointaine, afin de s'assurer par *eux-mêmes* si étaient vraies ou fausses les merveilles qu'ils en avaient *entendu* raconter Mais en route, ils *se* virent *assaillis* par une tempête des plus terribles qu'il y *eût eu* depuis longtemps sur *ces* mers; le vaisseau fut *brisé*, *Ali* et le reste de l'équipage *engloutis* dans les ondes, et le malheureux *Sinbad jeté* sur les côtes sauvages d'une île inconnue. Son premier soin, quand il eut *repris* l'usage de *ses* sens, fut de s'assurer *s'il* n'avait pas *survécu quelques* compagnons de son naufrage, qui, comme lui, auraient *été laissés* par la vague sur *ce* rivage aride; ensuite de connaître *quelles* ressources, *quelles* chances de salut, *quelle* espérance enfin lui *restait*. Il était seul. S'armant alors d'une massue qu'il s'était *faite* en *coupant* et *taillant* une branche d'arbre, il *s'avança* résolûment à la découverte.

Des champs assez bien *cultivés*, et *quelques* maisons *disséminées çà* et *là* lui firent connaître que cette terre n'était pas inhabitée. Il n'avait pas *fait quelques* pas qu'une foule d'hommes et de femmes *s'étaient amassés* autour de lui : *singulières* gens, qui *tous* étaient *bossus* par devant et par derrière, comme autant de *Mayeux* ou de polichinelles. Et *c'étaient* des cris, des huées, des éclats de rire *incessants, formant* avec *toutes ces* bosses, un spectacle bizarre dont *ses* yeux et *ses* oreilles étaient *tout ahuris*. Il *se* sauva à *grand'peine* dans un bois voisin, *où* il *s'ajusta* le mieux possible une double bosse qu'il *s'était faite* avec de la mousse; puis il retourna au milieu de *tous ces* drôles de corps qui l'avaient tant *raillé*. Cette fois *toute* sorte d'égards lui *furent prodigués;* sa beauté fut *jugée* parfaite, et *ses* deux bosses irréprochables.

92.

LES TROIS POUPÉES.

Depuis longtemps, les prévarications *auxquelles* s'é-
taient *laissés* aller plusieurs gouverneurs de provinces,
leur avaient *aliéné* l'esprit du *Rajah;* et il ne lui man-
quait plus qu'un prétexte pour que *leurs* places *leur*
fussent *enlevées.* Voici l'épreuve à *laquelle* il les soumit.
Trois poupées, *toutes* semblables à l'extérieur, furent
envoyées à *chacun* d'eux, avec menace de destitution si,
avant une époque *fixée*, ils n'étaient pas *parvenus* à
expliquer un sens *renfermé* dans *chacune* d'elles.

Après *mille* et *mille* recherches, qui n'avaient *abouti*
à rien, *tous*, *excepté* un, s'étaient *avoués* incapables de
résoudre la question *proposée*, et ils attendaient *leur*
sort au milieu de tourments et d'inquiétudes plus *aisés* à
concevoir qu'à décrire. *Quant* à l'autre, il lui était *tombé*
du ciel une de *ces* bonnes chances qu'on a *baptisées* du nom
de hasards, et *auxquelles* tant de *malheureuses* gens,
réduits au désespoir, ont *dû* si souvent *leur* salut. Un
jeune brame, *doué* d'une perspicacité plus grande qu'on
ne l'aurait *cru* si l'on *n'eût considéré* que son âge, lui
était *venu* en aide. Un fil *ciré*, *introduit* dans l'oreille
de *chaque* poupée, était *sorti* par l'autre oreille à la première, et par la bouche à la deuxième; mais *aucune*
issue ne s'étant *trouvée* à la troisième, le fil d'épreuve
lui était *resté* dans le corps.

La réponse *faite* au *Rajah* par le *gouverneur* fut donc
que la première des trois poupées lui avait *semblé* le
symbole de la légèreté, *parce que* les conseils *donnés*,
quelque sages qu'ils fussent, aussitôt *entrés* par une
oreille, sortaient par l'autre; la deuxième, l'emblème de
la perfidie, *parce que* les secrets *confiés* à l'oreille étaient
aussitôt *divulgués* par la bouche; et la troisième, l'image
de la sagesse et de la discrétion, *parce que* ni les conseils
de la raison n'étaient *perdus*, ni les secrets de l'*État ou*
de l'amitié *trahis*.

Et non-seulement sa province lui fut *conservée*, mais
plusieurs autres y furent encore *ajoutées* par le *Rajah*
satisfait.

95.

LA PUISSANCE DE L'HOMME.

Voyez *ces* plages *abandonnées* et désertes, *ces* tristes réduits *où* l'homme n'a jamais *résidé, couvertes ou plutôt hérissées* dans *leurs* parties *élevées* de bois épais et noirs, *entrelacés* les uns dans les autres. Des arbres *dépouillés* d'écorce et *tronqués* de leurs cimes, *courbés, rompus* et *tombant* de vétusté ; d'autres *gisants* au pied des premiers, et *pourrissant* sur des monceaux *déjà pourris,* étouffent, ensevelissent les germes prêts à éclore. La nature, qui, partout ailleurs, *se* montre *brillante* de jeunesse, paraît ici vieille et décrépite. La terre *surchargée* par le poids, *surmontée* par les débris de *ses* productions, n'offre, au lieu d'une verdure *florissante,* que des espaces *encombrés, traversés* de vieux arbres *chargés* de plantes parasites, fruits impurs de la corruption. Dans *toutes* les parties basses, on ne voit que des eaux mortes et *croupissantes,* et des terrains fangeux, également inutiles aux habitants de la terre et des eaux.

A la vue de *ce* désordre, l'homme rebrousse chemin et dit : La nature brute est hideuse et *mourante ; c'est* à moi qu'il appartient de la rendre agréable et *vivante.* Que *tous ces* marais soient au *plus tôt desséchés ;* rendons *courantes* ces eaux mortes et infectes ; mettons le feu à ces vieilles forêts *déjà à demi consumées :* et bientôt, au lieu du jonc et du nénuphar, nous verrons paraître de *brillantes* fleurs, et des plantes douces et *nourrissantes ;* des troupeaux *bondissants* fouleront cette terre jadis impraticable, et y trouveront une nourriture *abondante,* une pâture toujours *renaissante.* Que la terre enfin soit *rajeunie* par la culture, et qu'elle sorte de nos mains *toute parée, brillante* et radieuse.

(Tiré de BUFFON.)

94.

CANUT-LE GRAND.

Canut-le-Grand, qui fut à la fois *roi* d'*Angleterre*, de *Danemark*, de *Suède* et de *Norvége*, haïssait la flatterie autant *peut-être* que l'ont *aimée* et *recherchée* les autres souverains, *quels* qu'ils aient *été* et à *quelque* époque qu'ils aient *vécu*. Un jour, il *s'*était, avec *toute* sa cour, *fait* porter sur le bord de la mer, sous le prétexte d'admirer la scène toujours *imposante* et sublime de la marée *montante*, mais en réalité pour donner à *ses* flatteurs une leçon qui *leur profitât*, en les *faisant* renoncer pour jamais à *leurs* basses adulations, dont sa froideur à les écouter ne les avait pas *guéris*. Les courtisans *empressés* autour de sa personne, et *mendiant* un regard de *ses* yeux, rivalisaient à qui ferait le plus *haut* résonner à *ses* oreilles des éloges *déjà mille* fois *entendus*. Vous êtes le plus puissant de *tous* les monarques qu'il y ait jamais *eu*, disait l'un : jamais prince *a-t il réuni* sous son sceptre autant de provinces et de royaumes que vous en avez *subjugué*? Vous êtes le plus grand de *tous* les législateurs qui ont *existé*, disait un autre : que sont *même* les capitulaires si *vantés* de *Charlemagne*, *comparés* aux institutions dont vous avez *doté* vos *États*? *Tout* jusqu'aux éléments, osa dire un troisième, est *assujéti* à vos lois ; *quelque* jour la postérité dira en parlant de vous : La mer *s'*est *tue* en sa présence, et les vents lui ont *obéi*. Nous en aurons bientôt *jugé*, dit le *Roi*, car *voilà* les flots qui *s'*approchent *menaçants*. Il *se* leva à *ces* mots ; et, la main *étendue* vers la mer, il commanda ; mais la vague, toujours *grossissante*, n'avançait pas moins, et *déjà* les pieds du *Monarque* en étaient *baignés* : *Retirons-nous, Seigneur*, lui crièrent *ses* flatteurs *effrayés* et *confondus*. Oui, dit le *Prince, retirons-nous* devant une puissance trop supérieure à la *nôtre;* mais n'oubliez plus que *celui-là* seul est grand à qui les vents et la mer obéissent.

95.

LA CHARITÉ.

Si nous lisons l'histoire, nous la trouvons *toute remplie* de traits admirables du plus sublime dévouement ; si nous *étudions* l'âme humaine, elle *se montre* à nous *toute pénétrée* et comme *pétrie* d'amour et de charité. Fille du ciel, charité sainte, sois *bénie*, toi par qui les maux dont est *affligée* la terre, auraient en un instant *disparu* du milieu des hommes, ou *plutôt* ne s'y seraient jamais *montrés*, si *leurs* oreilles et leurs cœurs fussent *restés* dociles à ta voix ! Comment *s'est-il fait* que tu *aies été méconnue, étant à tous* si douce et si bienfaisante ? Car *est-il* une âme *ayant obéi* à tes inspirations, qui ne *s'en* soit *vue* à l'instant *récompensée* par la plus vive joie dont il *ait été donné* à l'homme de jouir ? En *est-il* une qui, après un acte de dévouement, ne *se* soit *sentie enivrée* et comme *inondée* des plus *pures* délices ?

O vous, riches et heureux de la terre, *quels que* vous soyez, à qui il a *été accordé* de connaître les douceurs et les jouissances de la vie, vous *souvenez-vous* qu'il vous soit *arrivé* de tirer de la misère *ou* de la honte une famille *réduite* au désespoir ? *eh* bien, *rappelez-vous* aussi la douce et inexprimable satisfaction que vous en avez alors *éprouvée ;* puis, à côté de cette joie pure, mettez *tous* les plaisirs, *toutes* les voluptés dont vous avez *joui* dans le monde ; et, ensuite, comparez. Pourquoi donc, puisque, de votre aveu, les joies de la bienfaisance sont les plus vraies et les plus douces qu'il y ait jamais *eu*, ne *courriez-vous* pas à *leur* recherche *plutôt* qu'à celle des joies mondaines ? Courage ! *tous* les malheureux n'ont pas *été arrachés* à la misère ; voyez tous *ces* bras *tendus* vers vous, qui implorent votre assistance, et qui, *quelque* grands que soient vos bienfaits, vont vous rendre mille fois plus encore que vous ne *leur* aurez *donné*.

96.

PLUS FIN QUE LE DIABLE.

I.

Monsieur *Gobelin*, un des plus fameux teinturiers qu'ait *eus* la *France*, avait *fait*, pour trouver la teinture écarlate, *toutes* les études qu'il avait *pu*, *toutes* les recherches *auxquelles* lui avaient *permis* de *se* livrer le peu de connaissances positives *obtenues* jusqu'alors sur cette science. Mais ç'avait *été* en vain : *quelque* soin, *quelque* attention qu'il y *eût apportée*, ses essais étaient *demeurés* sans résultat, et la précieuse découverte un secret. A bout d'efforts, il fait un pacte avec *Satan*, qui, dans *ces* temps *reculés*, en bon diable qu'il était, *se* tenait toujours à la disposition des *songe-creux embarrassés*. Les clauses du *dit* acte furent, après intérêts *débattus*, consignées, puis *signées* sur un parchemin par les deux parties, *lesquelles* s'engageaient à donner, l'une le secret à monsieur *Gobelin*, l'autre son âme à *Satan*.

Le *Diable* fut de parole, *quoi que* l'on ait *dit* et que l'on dise encore *tous* les jours contre sa probité ; et je voudrais bien, pour l'honneur de l'espèce humaine, que *quelque* chose de *pareil*, ou au moins d'*approchant*, *pût* être *dit* de monsieur *Gobelin*. Mais point du tout. Il parut ici encore inférieur à *Satan* par le peu de bonne foi qu'il fit paraître, comme auparavant par le peu d'instruction qu'il avait *montré*. *Peut-être*, au reste, *cet* oubli de *ses* engagements *était-il* une suite, et *déjà* même une punition de la première, de l'énorme faute dont *s'était souillée* son âme, *quand* il avait *osé* souscrire son horrible lettre de change au prince du mal. *C'est* la seule justification un peu acceptable que j'aie *pu*, en bien *cherchant*, trouver à une action si condamnable, qu'à elle seule elle *eût suffi* pour le damner.

97.

PLUS FIN QUE LE DIABLE.

II.

Monsieur . Gobelin donc, après s'être, sans plus de scrupule que tant d'autres, proclamé inventeur d'une découverte qu'il n'avait nullement inventée, n'avait pas tardé à voir la fortune, la gloire, tous les biens, sortir comme à l'envi de la rouge chaudière où les mains mêmes du Diable avaient broyé, délayé et fixé, comme jamais ne l'ont fait des mains de teinturier, la brillante et solide couleur. Mais le bienfait et le bienfaiteur étaient vite sortis de sa mémoire, la pensée s'en était envolée bien loin, et pas une ombre de réminiscence ne lui était restée que sa parole ou sa signature pouvait être engagée quelque part et compromise. Un grand nombre d'années s'étaient ainsi écoulées, pendant lesquelles nulle inquiétude n'était venue troubler le bonheur de ses jours, ni le repos de ses nuits.

Un soir, entre onze heures et demie et minuit, il se promenait faisant sa ronde accoutumée, et tenant à la main une toute petite chandelle, dont la clarté vacillante jetait sur les objets environnants une lueur quelque peu blafarde et diabolique. Tout-à-coup se dresse devant lui, sortant d'un puits qui était dans la cour, une forme d'homme avec des habits tout noirs, et des yeux flamboyants, qui brillaient comme deux escarboucles. Son nez et son menton étaient crochus, et aussi ses doigts; comme on en pouvait juger aux feux scintillants de je ne sais combien de bagues, dont ils étaient ornés. C'était le Diable. Après quelques salutations et compliments adressés au teinturier d'une façon tout amicale, et des questions toutes bienveillantes sur sa santé et celle des siens, s'apercevant que notre homme ne semblait pas pressé de parler affaires, il exhiba le parchemin que vous savez. La vue de monsieur Gobelin en fut si peu récréée qu'il tomba en syncope dans les bras de Lucifer.

98.

PLUS FIN QUE LE DIABLE.

III.

Celui-ci (*Lucifer*). *quelque* délicatesse que nous lui ayons *reconnue, se* trouva *induit* en une tentation des plus terribles , et *tout* autrement violente que celles qu'il a si souvent *fait* naître dans les âmes d'honnêtes *commerçants, fabricants*, et autres *trafiquants*. Un moment il eut la pensée , puisque sa proie *s'était venue* enferrer d'*elle-même* , de profiter simplement de l'occasion , et de *s'*esquiver en *emportant* le gage dont *ses* mains *se* trouvaient *nanties*. Mais la probité n'*ayant* pas *tardé* à reprendre le dessus , avec *quelques* gouttes d'une liqueur qu'il avait *tirée* de je ne sais *où* , et dont la recette *s'est perdue* , si tant est qu'elle ait jamais *existé*, il rendit en moins d'une *demi-seconde* à son débiteur le sentiment , et en particulier la mémoire , que le bonhomme paraissait surtout avoir *perdue*.

Le pauvre diable (c'est monsieur *Gobelin* que je veux dire), le pauvre diable eut donc en un clin d'œil *recouvré ses* sens. Mais son âme resta *quelque* temps encore *tout* ahurie , *vu* la situation morale très peu *rassurante où* elle *se* trouvait. *Oh!* que dans *ce* moment il *eût* bien *donné* au *Diable* , pour *se* racheter, et l'écarlate *payée* si *cher*, et le bleu de *France inventé* plus tard , et le vert, et le noir , et *toutes* les couleurs quelconques dont les hommes *se* sont *plus* à barioler *leurs* habits , *voire* même *leurs* corps , en *se tatouant, se fardant, se dissimulant* de *toutes* les manières ! C'est qu'à vrai dire, cette position était *tout* exceptionelle , et la plus bizarre qui *se fût* encore *vue* Le monsieur *tout* noir n'abusa pas *d'avantages* trop réels qu'il avait sur son adverse partie ; et il fit voir en cette occasion plus de politesse et de savoir-vivre que très certainement jamais créancier n'en a *montré*. C'est au point que l'intelligence de notre teinturier, *peu-à-peu rassurée* et *rassise* , put enfin suivre sans trop de trouble le colloque *suivant*.

99. — PLUS FIN QUE LE DIABLE. — IV.

SATAN. Voyons, monsieur *Gobelin*, l'heure est *venue* de partir; elle a *sonné*, deux fois *sonné* à la répétition que *voilà*.

M. GOBELIN. Permettez. Une montre n'est pas une raison, *toute* chargée de breloques qu'elle peut être. En *avons-nous* jamais, ni vous ni moi, *trouvé* une seule qui *marquât* ou *sonnât juste* les heures, les *demies*, et le reste; et la *vôtre* n'*aurait-elle* pas été *volée toute montée* dans la poche d'un cocher à l'heure, *endormi* avec ses bêtes sur le macadam ?

SATAN. Vous avez l'humeur et la parole bien *gaies* pour un jour d'échéance, monsieur *Gobelin*. Mais *voilà* qu'il est minuit aussi, minuit *passé*, à l'horloge de votre établissement. Ainsi...

M. GOBELIN. *Ah!* pitié, monsieur le *Diable!* Que j'aie au moins le temps d'établir ma dernière fille, *une* enfant adorable, *une* ange de beauté, que j'ai *vue* naître il y a si peu de jours, et qui...

SATAN. Bon ! pourquoi ne *demandez-vous* pas aussi de pouvoir marier les filles, *petites-filles*, *arrière-petites-filles* et autres *descendantes*, dont votre fille peut devenir mère, *grand'mère*, *arrière-grand'mère*, et cætera? En route ! en route !

M. GOBELIN. *Ah!* au moins assez pour que je voie s'élever cette aile de bâtiment que vous apercevez *là commençant* à sortir de terre !

SATAN. Bah ! elle sera *achevée* par vos héritiers. D'autres maisons que la *vôtre se* sont *passées* de *leurs* fondateurs, et parfaitement *consolées* de les avoir *perdus*.

M. GOBELIN. Quoi ! pas une seule année?

SATAN. Pas une seconde. Allons ! allons !

M. GOBELIN. De grâce, au moins le temps que cette chandelle ait *fini* de brûler !

SATAN. Quelle peur de mourir ! je n'en ai jamais *vu* de pareille.

M. GOBELIN. Dame !

SATAN. Poltron ! *Eh bien, soit. Va* pour le bout de chandelle !

100.

PLUS FIN QUE LE DIABLE.

V.

Alors, comme si une inspiration *toute* céleste *fût venue* illuminer son âme, monsieur *Gobelin*, avec une présence d'esprit qu'on n'*eût* pas *attendue* de lui, précipita *plutôt* qu'il ne jeta dans le puits chandelle et bougeoir *sens-dessus-dessous*. Il faut dire que, *quelle que fût* la confiance de *Satan* en la simplicité du teinturier, cependant il n'avait *perdu* de vue *aucune* de *ses* allures, *tout* en *ayant* l'air de les trouver *toutes* naturelles. Au dernier mouvement de monsieur *Gobelin, crac !* il avait *étendu* la main droite qu'il avait crochue ainsi que l'autre, comme nous l'avons *dit*. Mais il ne put retenir autre chose que le bougeoir ; car la chandelle, qui, la chaleur *aidant*, y avait *dansé* à l'aise depuis *quelques* minutes, s'en était *détachée* à l'instant *où* elle *s'était sentie renversée :* en sorte que, partie *plus tôt*, elle serait encore *arrivée* la première au fond du puits, *quand même* le *Diable* ne l'aurait pas *privée* d'y tomber avec son compagnon de voyage.

Qui fut *attrapé ?* le plus honnête ? non, mais le plus niais : j'aime à croire que jamais les honnêtes gens ne *se* sont *laissé* attraper, à moins qu'ils ne l'aient *voulu*, c'est-à-dire, à moins que l'imprudence *ou* la présomption ne *s'en soit mêlée*. Ici, par exemple, sans la sottise impardonnable par *laquelle* avait *débuté Satan*, en prenant l'autre pour un *gobe-mouche parce qu'il* en avait l'air, l'idée lui serait très certainement *venue* d'examiner de près la forme *toute* captieuse des atermoiements *demandés, quelles qu'en fussent* d'ailleurs la nature et l'apparente bonhomie ; et il les aurait *trouvés formulés* de telle sorte que, *quel que fût* celui des trois qu'il *eût* consenti à accorder, le résultat devait être le même, c'est-à-dire, la liberté *laissée* à monsieur *Gobelin* d'éluder ses engagements.

TABLE DES MATIÈRES.

PREMIÈRE PARTIE.

DICTÉES AVEC ANALYSE.

SECONDE PARTIE.

DICTÉES EN TEXTE SUIVI.

FIN DE LA TABLE DES MATIÈRES.

Errata.

Page 26, *phrase* 1, *ligne* 11, 3ᵉ *mot, lisez* mille *au lieu de* hommes.

Page 27, *ligne* 6, *lisez* Mais pour que vingt et cent *au lieu de* Mais pour qu'un de ces mots.

Page 60, *phrase* 1 *de la dictée, lisez* léger *au lieu de* réger.

Page 65, *ligne* 3, *lisez* origine *au lieu de* orgine.

Page 109, *ligne* 3, *lisez* de troubles *au lieu de* des troubles.

Page 118, *ligne* 6 *et suivantes, lisez* elle ne lui a été connue que par les récits qu'IL en a entendu faire ; et par les sacrifices trop réels qu'ELLE a coûtés aux hommes, plutôt que par les biens, si souvent imaginaires, qu'ELLE leur a valus.

Page 141, *avant-dernière ligne, lisez* demi mort *au lieu de* demi-mort.

Page 148, 1ʳᵉ *ligne du* 4ᵉ *alinéa, lisez* avaient *au lieu de* avait.

PARIS. — Imp. LACOUR, rue Soufflot, 18.

www.ingramcontent.com/pod-product-compliance
Lightning Source LLC
Chambersburg PA
CBHW052047090426
42739CB00010B/2077